Mathias Hirsch
Schuldgefühl

Viele Begriffe, die wir aus der Psychoanalyse kennen, blicken auf eine lange Geschichte zurück und waren zum Teil schon vor Freuds Zeit ein Thema. Einige Begriffe haben längst den Weg aus der Fachwelt hinaus in die Umgangssprache gefunden. Alle diese Begriffe stellen heute nicht nur für die Psychoanalyse, sondern auch für andere Therapieschulen zentrale Bezugspunkte dar.

Die Reihe »Analyse der Psyche und Psychotherapie« greift grundlegende Konzepte und Begrifflichkeiten der Psychoanalyse auf und thematisiert deren jeweilige Bedeutung für und ihre Verwendung in der Therapie. Jeder Band vermittelt in knapper und kompetenter Form das Basiswissen zu einem zentralen Gegenstand, indem seine historische Entwicklung nachgezeichnet und er auf dem neuesten Stand der wissenschaftlichen Diskussion erläutert wird.

Alle Autorinnen und Autoren sind ausgewiesene Fachleute auf ihrem Gebiet und können aus ihren langjährigen Erfahrungen in Klinik, Forschung und Lehre schöpfen. Die Reihe richtet sich in erster Linie an Psychotherapeutinnen und -therapeuten aller Schulen, aber auch an Studierende in Universität und Therapieausbildung.

Bereits erschienen sind:

Band 1 Mathias Hirsch: Trauma. 2011.
Band 2 Günter Gödde, Michael B. Buchholz: Unbewusstes. 2011.
Band 3 Wolfgang Berner: Perversion. 2011.
Band 4 Hans Sohni: Geschwisterdynamik. 2011.
Band 5 Joachim Küchenhoff: Psychose. 2012.
Band 6 Benigna Gerisch: Suizidalität. 2012.
Band 7 Jens L. Tiedemann: Scham. 2013.
Band 8 Ilka Quindeau: Sexualität. 2014.
Band 9 Angelika Ebrecht-Laermann: Angst. 2014.
Band 10 Hans-Dieter König: Affekte. 2014.
Band 11 Bernhard Strauß: Bindung. 2014.
Band 12 Ludwig Janus: Geburt. 2015.
Band 13 Jürgen Grieser: Triangulierung. 2015.
Band 14 Bernd Nissen: Hypochondrie. 2015.
Band 15 Roland Voigtel: Sucht. 2015.
Band 16 Joachim Küchenhoff: Depression. 2017.
Band 17 Diana Pflichthofer: Trennungen. 2017.
Band 18 Gianluca Crepaldi: Containing. 2018.
Band 19 Thomas Auchter: Trauer. 2019.

Band 20 **Analyse der Psyche und Psychotherapie**

Mathias Hirsch

Schuldgefühl

Psychosozial-Verlag

Bibliografische Information der Deutschen Nationalbibliothek
Die Deutsche Nationalbibliothek verzeichnet diese Publikation
in der Deutschen Nationalbibliografie; detaillierte bibliografische Daten
sind im Internet über http://dnb.d-nb.de abrufbar.

3. Auflage 2024

E-Mail: info@psychosozial-verlag.de
www.psychosozial-verlag.de

Umschlaggestaltung & Innenlayout nach Entwürfen
von Hanspeter Ludwig, Wetzlar
Satz: metiTec-Software, me-ti GmbH, Berlin
www.me-ti.de
ISBN 978-3-8379-3007-8 (Print)
ISBN 978-3-8379-7712-7 (PDF-E-Book)

Inhalt

Einleitung

In der Geschichte der Psychoanalyse gab es eine Entwicklung von der Untersuchung des Individuums und seiner intrapsychischen Welt zu der des Interaktionellen, Intersubjektiven – aus der psychoanalytischen Triebpsychologie ist eine Beziehungswissenschaft geworden. In der frühen Psychoanalyse war das Konzept des Schuldgefühls immer auf die ödipalen, also die libidinösen und aggressiven Bestrebungen den Eltern gegenüber, zurückgeführt worden, Schuldgefühl wurde als Ergebnis eines Triebkonflikts verstanden. Allerdings gibt es zwei große Ausnahmen in Sigmund Freuds Denken, die eine Abweichung vom Triebkonzept bedeuten: Einmal bestand das Konzept der Über-Ich-Entwicklung jenseits der Triebpsychologie aus Introjektion der und Identifikation mit den elterlichen Vorstellungen. Zum anderen entwarf Sigmund Freud in seiner wichtigen Arbeit »Trauer und Melancholie« (1917e) die Dynamik der pathologischen Trauer, in der die Introjektion eines äußeren traumatischen Geschehens (des Verlusts eines Liebesobjekts) zu einer mit einem geradezu psychotischen Schuldgefühl verbundenen »melancholischen Identifikation« (vgl. Hirsch, 2004, S. 40ff.) führt. Heute sagen wir, dass ein traumatisches Introjekt (als Niederschlag traumatisierender Beziehungserfahrungen) wie ein malignes Über-Ich Schuldgefühle erzeugt. Freud hat wohl den von Sándor Ferenczi (1964 [1909]) gefundenen Begriff der *Introjektion* aufgegriffen, wenn er auch von melancholischer *Identifikation* spricht, und später hat Ferenczi (1964 [1933]) die Introjektion der Gewalt und die *Identifikation mit dem Aggressor* zum Zentrum einer psychoanalytischen Traumatologie gemacht (vgl. Hirsch, 1999 [1987], 2004, 2017 [1997]).

Sehr wichtig ist es, ein (irrationales) *Schuldgefühl* von der Anerkennung realer Schuld, dem *Schuldbewusstsein*, zu unterscheiden. Noch bei Freud verschwimmen die beiden Begriffe; Schuldgefühl nennt er oft Schuldbewusstsein, Schuldbewusstsein nennt er Reue. Dabei differenziert die deutsche Sprache bereits: »Ich bin mir (k)einer Schuld *bewusst*« – »Ich *fühle* mich schuldig«. Im zweiten Fall muss gar keine Schuld vorliegen, im ersten geht es aber schon um tatsächliche Schuld, die durch einen realen Schaden, den der Eine dem Anderen (oder sich selbst) durch Tat oder Unterlassung zufügt, entsteht. Sie wird definiert durch einen Dritten, durch Instanzen wie Religion, Moral, Gesetze und ihre Vertreter. Schließlich ist es auch die Aufgabe der psychoanalytischen Psychotherapie, dabei zu helfen, die reale Schuld des Patienten[1] von seinen irrationalen Schuldgefühlen zu differenzieren.

Ich plädiere für eine strenge begriffliche Trennung von unrealistischem Schuldgefühl und Schuldbewusstsein, das heißt Anerkennung einer realen Schuld, auf die der Affekt der Reue folgen kann. Denn nicht nur unrealistische Schuldgefühle, auch schuldhafte reale Grenzverletzungen werden von unbewussten Motiven und Triebschicksalen mitbestimmt. Wenn sich auch Schuld im äußeren zwischenmenschlichen, Schuldgefühl im intrapsychischen Bereich ereignet, sind sie doch miteinander verwoben, wie André Haynal es ausdrückt, allerdings auf das Doppelte von Trauma (entspricht Schuld) und Fantasie (entspricht Schuldgefühl) bezogen: »Die Verbindung zwischen äußerer und innerer Wirklichkeit, dem Ereignis und seinem Einfluss auf die innere Welt des Menschen (ist) ein schwieriges und komplexes Problem« (Haynal, 1989, S. 326).

Jede psychische Störung ist mit unrealistischen Schuldgefühlen verbunden; die Aufgabe der Psychotherapie ist, sie auf ihre Ursprünge, auf die hinter ihnen liegenden Beziehungserfahrungen zurückzuführen und dadurch kleiner zu machen. Reale Schuld dagegen sollte auch im Laufe einer Therapie anerkannt werden, wodurch nicht etwa die Schuld ungeschehen gemacht, aber ein Trauerprozess möglich wird. Psychoanalyse und Psychotherapie beschäftigen sich naturgemäß eher mit dem Schuldgefühl und sei-

1 Aus Gründen besserer Lesbarkeit wird im gesamten Buch auf eine gegenderte Schreibweise verzichtet, auch wenn selbstverständlich immer alle Geschlechter angesprochen sind.

nen verschiedenen Qualitäten, während Schuld einer Definition durch gesellschaftliche (Gesetzgebung, Justiz), auch ethische und religiöse Regeln und Instanzen bedarf. Psychoanalyse als Beziehungswissenschaft wird sich aber auch realer Schuld annehmen müssen, denn auch schuldhaftes Verhalten ist von vielfältigen unbewussten Motiven sowie von Introjektions- und Identifikationsmechanismen bestimmt.

Was ist Schuldgefühl?

In einer Einführung in die Psychoanalyse hat Harry S. Guntrip Schuldgefühl so beschrieben: »Wir könnten sagen, dass es eine Mischung aus Furcht, Ängstlichkeit, der Besorgnis, die Anerkennung der Mitmenschen zu verlieren, Liebe und gutem Willen ist, also ein komplexes Gefühl, das uns immer dann überkommt, wenn uns das Gewissen schlägt« (1972 [1970], S. 61). Guntrip hat also Schuldgefühl im Zusammenhang mit Beziehungen gesehen, Beziehungen zu Menschen, denen gegenüber man sich verpflichtet fühlt, auf deren Liebe und Anerkennung man Wert legt, deren Liebe man zu verlieren fürchtet. Das Schuldgefühl zeigt eine Besorgnis an, als hätte man etwas getan, das einem bedeutsamen Anderen geschadet hätte. Ein Schuldbewusstsein bezeichnet eine reale Handlung, die jemandem geschadet hat. Der Unterschied liegt eher im Betrachter: Er (z.B. ein Therapeut) findet gar keinen realen Grund für ein Schuldgefühl (Schulderleben), während im Falle des Schuldbewusstseins eine Übereinstimmung besteht: Beide, der Schuldige und der Betrachter, sehen die Schuld in einer realen Tat. Der Schuldige versucht häufig, wenn er zu einer Schuldanerkennung nicht fähig ist, die Schuld und das Bewusstsein von Schuld möglichst klein zu machen, während der Betrachter, ein Richter zum Beispiel, das Ausmaß ganz anders sieht (Schuld, die zwischen Menschen entstanden ist, bedarf immer einer Definition von außen, und zwar durch Gesetze, religiöse Vorschriften, Verhaltenskodizes). Hat jemand ein Schuldgefühl, sieht der Betrachter gar keinen Grund für das Ausmaß einer Schuld, die dem Schuldgefühl entspräche. Das Schuldgefühl, für das kein Anlass zu sehen ist, führt Sigmund Freud auf unbewusste Gründe zurück:

> »Wenn eine Mesalliance zwischen Vorstellungsinhalt und Affekt, also zwischen Größe des Vorwurfs und Anlaß des Vorwurfs vorliegt, so würde der Laie sagen, der Affekt sei zu groß für den Anlaß, also übertrieben, die aus dem Vorwurfe gezogene Folgerung, ein Verbrecher zu sein, sei also falsch. Der Arzt sagt im Gegenteile: Nein, der Affekt ist berechtigt, das Schuldbewußtsein [eher Schuldgefühl] ist nicht weiter zu kritisieren, aber es gehört zu einem andern Inhalte, der nicht bekannt *(unbewußt)* ist und der erst gesucht werden muß. Der bekannte Vorstellungsinhalt ist nur durch falsche Verknüpfung an diese Stelle geraten« (1909d, S. 399f.; Hervorh. i. O.).

Diese Diskrepanz macht ein solches Schuldgefühl neurotisch, irrational, irreal oder pathologisch.

Da in jeder psychischen Störung Aggression und Destruktion enthalten sind, die sich nicht äußern können, verdrängt, also unbewusst sind, spielen Schuldgefühle in jeder Psychotherapie eine Rolle. Verdrängt müssen sie bleiben, weil sie sich gegen ein geliebtes Objekt richten; die Ambivalenz verhindert den Ausdruck von Aggression, wie es Sigmund Freud in »Trauer und Melancholie« (1917e) schon gedacht hatte. Später meint Freud, dass in jeder »schwereren Neurose« (1923b, S. 280) ein Über-Ich-Faktor enthalten sei, »ein Schuldgefühl, welches im Kranksein seine Befriedigung findet und auf die Strafe des Leidens nicht verzichten will« (ebd., S. 279), das heißt, ein solches Über-Ich wird sich auch gegen einen Entwicklungsfortschritt durch die Analyse richten.

Das Über-Ich

Bei der Über-Ich-Bildung gelangt etwas von außen nach innen: Die Vorstellungen der Eltern werden vom Kind durch Introjektion verinnerlicht, und je freundlicher und kindgerechter diese sind, desto leichter gelingt ihre nachfolgende Aneignung durch Identifikation, es entsteht das eigentliche Über-Ich. Sowohl bei der Über-Ich-Entwicklung in einer freundlichen Familienumgebung (Über-Ich) als auch im pathologischen Fall (es persistiert ein – traumatisches – Introjekt) erzeugt ein intrapsychisches Gebilde, dessen Entsprechung einmal außen war, Schuldgefühl. In jedem Fall ist das Schuldgefühl das Resultat einer »Spannung« zwischen Über-Ich und Ich (S. Freud, 1930a, S. 496).

Man kann davon ausgehen, dass die Qualität des Über-Ichs ganz verschieden sein kann – streng, lebensfeindlich bis hin zu angemessen das (soziale) Leben regulierend. Schließlich ist das Gewissen eine Instanz, die im Allgemeinen wirkliche Schuld verhindern oder wenigstens nachträglich realitätsgerecht bewerten soll. Es ist nicht so einfach, prinzipiell zwischen einem feindlichen Über-Ich (unserer Patienten) und einem wünschenswerten zu unterscheiden. Kurz gesagt: Das pathologische beeinträchtigt das Leben, es ist destruktiv, es ist verbunden mit Selbstwerterniedrigung. Es entspricht den Erfahrungen von Vernachlässigung, Misshandlung und Missbrauch in lebenswichtigen Beziehungen der Kindheit, auch späteren Gewalterfahrungen. Das wünschenswerte dagegen ist mehr prospektiv mahnend, es meint es gut mit dem »Ich«, es gibt zu bedenken, ob ein geplantes Verhalten wirklich gewollt ist, obwohl das Risiko besteht, dass Nachteile entstehen. Auch wenn es rückblickend einen Schaden beurteilt, vernichtet es das »Ich« nicht, sondern hilft zu verstehen (Selbstreflexion), um eine Wiederholung zu vermeiden.

Schuldgefühl ist also keineswegs immer pathologisch, verfolgend, einschränkend, vielmehr hat es wichtige, eigentlich lebensnotwendige Regulationsfunktionen. Denn die Aggression gegen das geliebte Objekt muss im Zaum gehalten werden. Sigmund Freud hielt ja das Schuldgefühl für »das wichtigste Problem der Kulturentwicklung« (ebd., S. 493), denn es reguliert die Triebkräfte zugunsten eines verträglichen sozialen Zusammenlebens. Naturgemäß hängt die Über-Ich-Entwicklung und die Qualität des Über-Ichs stark von der sozialen Umgebung ab; Donald W. Winnicott fordert die »Fähigkeit der Mutter, das Triebmoment [die Aggression des Säuglings] zu überleben und also da zu sein, um die wahre Wiedergutmachungsgeste entgegenzunehmen und zu verstehen« (1974 [1958], S. 29). Die Haltung der mütterlichen Umgebung fördert die Fähigkeit zur Wiedergutmachung, zur »Besorgnis«:

> »Wenn das Kleinkind herausbekommt, dass die Mutter weiterlebt und die Wiedergutmachungsgeste annimmt, wird es allmählich fähig, die Verantwortung für die ganze Phantasie von dem vollen Triebimpuls auf sich zu nehmen, die vorher skrupellos war. Bedenkenlosigkeit weicht der Reue, Sorglosigkeit der Sorge« (ebd.).

Die Fähigkeit zum Schuldgefühl ist also sowohl bei Freud als auch bei Winnicott wünschenswert; Winnicott setzt Schuldgefühl auch mit der Fähigkeit gleich, die »Verantwortung für Es-Impulse zu übernehmen« (ebd., S. 31). Hier klingen Vorstellungen Melanie Kleins an, die Schuldgefühl in der depressiven Position lokalisiert; hat das Kleinkind die paranoid-schizoide Position überwunden, muss es sadistisch-aggressive Triebimpulse nicht mehr projektiv nach außen verlagern, sondern kann sie als eigene anerkennen.

Die Über-Ich-Bildung kann man sich in drei Stufen vorstellen:

1. Zunächst wird das Verhalten durch die Angst vor der elterlichen Autorität gesteuert, das Wort Schuldangst passt in diesen Kontext. Die Vertreter dieser Autorität müssen aber anwesend sein, sonst entsteht keine Angst.
2. In der nächsten Stufe ist ein anfängliches Über-Ich etwas von außen in das Ich oder besser Selbst Hineingenommenes, die Vorstellungen der Eltern wurden vom Kind introjiziert. Dort

kann es als Introjekt etwas Fremdes bleiben, trotzdem aber eine große Wirkung haben; nun reguliert die *Vorstellung* von Strafe oder Liebesentzug das Verhalten, die Vertreter der elterlichen Autorität müssen nicht mehr anwesend sein.

3. Meist werden die elterlichen Vorstellungen durch *Identifikation mit dem Introjekt* assimiliert. Die Assimilation vollzieht sich umso leichter, je wohlwollender und kindgerechter die elterlichen Vorstellungen – Gebote und Verbote, eigentlich alle Vorstellungen, wie man leben soll – sind, und umso schwerer, je feindseliger sie letztlich gegen die Interessen des Kindes gerichtet sind. Die Assimilation geschieht durch Identifikation mit den elterlichen Vorstellungen oder dann mit dem Introjekt, die Identifikation modifiziert das Selbst des Kindes, das sich die äußeren Forderungen nun zu eigen gemacht hat. Die volle Einsetzung des Über-Ichs geschieht Freud zufolge durch das Aufgeben der ödipalen Strebungen (»Untergang des Ödipus-Komplexes«) und durch die Identifikation mit den elterlichen Vorstellungen; das Fremde ist zum Eigenen geworden, es entsteht ein gut integriertes Über-Ich. (Zur Über-Ich-Bildung und zur Nomenklatur vgl. Sandler, 1964/65 [1960].)

Aber es sind ja nicht nur die Inhalte der elterlichen Gebote und Werte, die auf das Kind einwirken und in das Über-Ich des Kindes eingehen, *alle* Beziehungsqualitäten, wünschenswerte wie im Extremfall traumatische, werden vom Kind aufgenommen und können unter Umständen in keiner Weise durch Identifikation assimiliert werden. Als Begründer einer psychoanalytischen Traumatologie hat Ferenczi (1964 [1933]) die Mechanismen aufgezeigt, die in einem Ablauf von Implantation der Gewalt, ihrer Introjektion und der anschließenden (partiellen) Identifikation bestehen. Dieser Fremdkörper, das traumatische Introjekt, wirkt wie ein mächtiges Über-Ich, und wie dieses macht es Schuldgefühle, allerdings *traumatische Schuldgefühle.* Da das Introjekt aber die Folge einer Gewaltimplantation von außen ist, entsprechen die Schuldgefühle der realen Schuld des Gewalttäters von damals. Das Prinzip gilt sowohl für familiäre Traumata, deren Opfer Kinder sind, als auch alle Opfer von Gewalt in jedem Lebensalter; Opfer jeder Form von Gewalt haben *immer* Schuldgefühle.

Ein zweiter bedeutender Fortschritt in der Differenzierung der Schuldgefühlqualitäten nach Ferenczi bedeutet meines Erachtens die Arbeit von Arnold H. Modell »On having the right to a life: An aspect of the super-ego's development« (1965). Ferenczi ging es um handfeste Gewalteinwirkung, unter denen Kinder in Familien zu leiden haben, es ging ihm um traumatische Implantation und Introjektion von sozusagen sichtbarer Gewalt. Modell fand darüber hinaus, dass die Behinderung eines an sich selbstverständlichen und wünschenswerten Autonomiestrebens des Kindes und besonders des Jugendlichen Schuldgefühl erzeugt, ein *Trennungsschuldgefühl*, ein Schuldgefühl, ein Leben im eigenen Recht zu führen, und wenn diese legitimen Bedürfnisse behindert werden, entstehen Schuldgefühle wegen dieses Bedürfnisses nach Selbstständigkeit und Getrenntsein vom Objekt, wenn dieses solche Bestrebungen aus eigenen, egoistischen Interessen bekämpft.

Das Über-Ich bei Freud

Sigmund Freud hat den Begriff »Über-Ich« erst spät (in *Das Ich und das Es* [1923b]) gefunden; in *Totem und Tabu* sprach er vom Gewissen, vom »Tabu-Gewissen«: »Man kann ohne Dehnung der Begriffe von einem Tabugewissen und von einem Tabuschuldbewußtsein nach Übertretung des Tabu sprechen. Das Tabugewissen ist wahrscheinlich die älteste Form, in welcher uns das Phänomen des Gewissens entgegentritt« (S. Freud, 1912–13, S. 85). Gewissen sei das,

> »was man am gewissensten weiß. [...] Gewissen ist die innere Wahrnehmung von der Verwerfung bestimmter in uns bestehender Wunschregungen; der Ton liegt aber darauf, dass sie ihrer selbst gewiß ist. Noch deutlicher wird dies beim Schuldbewußtsein, der Wahrnehmung der inneren Verurteilung solcher Akte, durch die wir bestimmte Wunschregungen vollzogen haben« (ebd.).

Es ist interessant, dass hier Freud nicht zwischen Schuldgefühl und Schuldbewusstsein unterscheidet, wie auch sonst oft, und vielleicht liegt der Grund darin, dass der »Wilde« sicher ist, eine schuldhafte Tat begangen zu haben, real, und sich seiner Schuld deshalb bewusst ist. Das Gewissen aber, der bewusste Teil des Über-Ichs, macht Schuld*gefühle*, und natürlich sind diese keineswegs bloß realitätsbezogen, vielmehr oft genug unrealistisch und von unbewussten Kräften bestimmt, wie Freud (1923b) spätestens 1923 entdeckte, dass es ein unbewusstes Schuldgefühl geben müsse. Etwas später, in seiner Arbeit »Zur Einführung des Narzißmus«, nähert sich Freud dem Begriff des Über-Ichs: Ein Ideal wird aufgerichtet, an welchem das Ich gemessen wird, und diese Bildung eines »Ich-Ideals, als dessen Wächter das Gewissen bestellt ist«, ist »von dem […] kritischen Einfluß der Eltern ausgegangen« (S. Freud, 1914c, S. 163). Während aber das Tabu sozusagen unbefragt feststeht und seine Verletzung eine reale Tat ist, ist das Ich-Ideal (als begrifflicher Vorläufer des Über-Ichs) der Niederschlag der Einwirkungen der Erwachsenen, also der Liebesobjekte des Kindes. Freud nimmt hier bemerkenswerterweise erstmals an, dass Gewissen und Ich-Ideal aufgrund der *Verinnerlichung äußerer Objekterfahrung* entstehen. Im Jahr 1923 schließlich ersetzt Freud in seiner wichtigen Arbeit *Das Ich und das Es* den Begriff des Ich-Ideals durch den des *Über-Ichs*. Die Über-Ich-Entwicklung erfolgt in mehreren Stufen, wie wir gesehen haben: Zuerst ist es lediglich die Schuldangst, dann ist es ein Introjekt, dann aber tritt »eine große Änderung […] ein, wenn die Autorität durch die Aufrichtung eines Über-Ichs verinnerlicht wird. Damit werden die Gewissensphänomene auf eine neue Stufe gehoben, im Grunde sollte man erst jetzt von Gewissen und Schuldgefühl sprechen« (S. Freud, 1930a, S. 484). Diese »Aufrichtung« geschieht durch Identifikation.

Da die Menschen sich ja sehr weit vom instinktgesteuerten Tierreich entfernt haben (»Vertreibung aus dem Paradies«, wodurch ja überhaupt erst Schuld entstanden ist; vgl. hierzu Hirsch, 2017 [1997], S. 16ff.), muss das soziale Verhalten durch – menschengemachte – Regeln gesteuert werden. In dem Konflikt zwischen der Triebnatur des Menschen und den Erfordernissen sozialen Zusammenlebens misst Freud in seiner späten Arbeit *Das Unbehagen in der Kultur* dem Schuldgefühl eine zentrale Bedeutung bei; es liegt ihm daran, »das Schuldgefühl als das wichtigste Problem der Kulturentwicklung hinzustellen und darzutun, dass der Preis für den Kulturfortschritt in der Glückseinbuße durch die

Erhöhung des Schuldgefühls bezahlt wird« (1930a, S. 493f.). Die Regulation sozialen Verhaltens (»Kultur«) liegt in den Händen des Über-Ichs (und seines bewussten Anteils, des Gewissens); dieses bedient sich des Mittels des Schuldgefühls. Die Notwendigkeit, Triebverzicht zu leisten, erzeugt erst die Existenz des Schuldgefühls, das Gewissen stellt sich als »Folge des Triebverzichts« (ebd.) dar. Die äußere Autorität (man denke an den Urvater in *Totem und Tabu* [Freud, 1912–13]), die Verzicht fordert, wird das Ziel massiver Aggression, die aber – aus Angst vor Liebesverlust, letztlich vor Verlassenwerden – nicht offen ausgedrückt werden kann. Die unterlassene Aggression wird vom Über-Ich übernommen, denn das Kind hilft sich, »indem es diese unangreifbare Autorität durch Identifikation in sich aufnimmt, die nun das Über-Ich wird« (S. Freud, 1930a, S. 489).

Melanie Klein hatte als die Wurzel der Aggression, die schon dem Säugling innewohnt, den Todestrieb angenommen, und so war für sie auch die Feindseligkeit des Über-Ichs, die man bei schwerer gestörten Patienten antrifft, von deren Todestrieb bestimmt. Das Über-Ich wacht einerseits über die Begrenzung der Triebkräfte, es besteht aber nicht nur aus den Niederschlägen der Identifikationen mit den Eltern, sondern erhält Klein zufolge seine Kraft auch aus den aggressiven Triebkräften des Es (Todestrieb). Es wird dadurch sadistisch, dass es die Aggressionen in sich aufnimmt, auf deren Agieren nach außen, gegen die Liebesobjekte, das Ich verzichtet hat. Freud folgt hier einem Gedanken Kleins, er nimmt also an, dass das Über-Ich aus der Triebenergie des kleinen Kindes noch lange vor den elterlichen Einflüssen entsteht (S. Freud, 1930a, S. 489; siehe auch im Folgenden die Ausführungen zu Melanie Klein). Freud versucht mit einer gewagten Konstruktion zu erklären, wie sich die Strenge der äußeren Autorität und der Aggressionstrieb (des Kindes) potenzieren: Weil die Erwachsenen Triebverzicht fordern, müssen sie zum Ziel der Aggression des Kindes werden, wegen der Liebesambivalenz kann sich die Aggression nicht äußern. (Dieses Moment: Die Ambivalenz unterdrückt die an sich vorhandene Aggression, ist zentral in Freuds Gedanken, bereits in *Totem und Tabu* [1912–13], dann in »Trauer und Melancholie« [1917e]). Das Kind wehrt seine Aggression ab, »indem es diese unangreifbare Autorität durch Identifizierung in sich aufnimmt, die nun das Über-Ich wird und in den Besitz all der Aggression gerät, die man gern als

Kind gegen sie ausgeübt hätte« (ebd.). Im Grunde findet sich hier ein Ringen um die Einflüsse von Trieb oder Umwelt: Freud kann sich nicht dazu durchringen, dass das oft genug überwältigende Maß an Aggression von außen, von den Erwachsenen kommen kann, das ein feindliches Über-Ich erzeugen kann; die durchschnittliche Einwirkung der Eltern müsse eben doch durch den übermäßigen Aggressionstrieb des Kindes verstärkt worden sein. Freud meint also, »dass die ursprüngliche Strenge des Über-Ichs nicht – oder nicht zu sehr – die ist, die man von ihm [dem äußeren Objekt] erfahren hat oder die man ihm zumutet, sondern die *eigene Aggression* gegen ihn vertritt« (ebd.; Hervorh. d. A.). Warum soll das Ausmaß der Aggression aber nicht vom Erwachsenen stammen? Läge es nicht nahe, dass das Kind sich mit der Aggression der Erwachsenen, deren Opfer es wurde, identifizieren müsste und seinerseits aggressiv gegen andere würde (siehe die folgenden Ausführungen zu sekundärer Identifikation mit dem Aggressor)? Sándor Ferenczi hat dagegen zwei Jahre nach Veröffentlichung von *Das Unbehagen in der Kultur* (1930a) in seinem Wiesbadener Vortrag im Jahre 1932 »Die Sprache der Zärtlichkeit und der Leidenschaft«, dem er zur Veröffentlichung den Titel »Sprachverwirrung zwischen den Erwachsenen und dem Kind« (1964 [1933]) gab, die Verhältnisse radikal zurechtgerückt – und damit einen Skandal in der psychoanalytischen Gemeinde hervorgerufen –, denn er benannte deutlich die traumatische Wirkung gewaltsamer Einflüsse auf das Kind und seine Entwicklung durch die Erwachsenen, deren Aggression das Kind introjiziere. Ich komme darauf ausführlich zurück.

Freud schwankt in der Frage, inwieweit die »Strenge des Über-Ichs« der Aggression der Eltern bzw. der Erwachsenen entspricht oder wie weit es aus der triebhaften Konstitution entsteht. Manchmal hebt er den Einfluss der sozialen Umgebung hervor, zum Beispiel in »Das ökonomische Problem des Masochismus«: »Das Über-Ich behielt nun wesentliche Charaktere der introjizierten Personen bei, ihre Macht, Strenge, Neigung zur Beaufsichtigung und Bestrafung« (S. Freud, 1924c, S. 380). Oder auch:

> »Es [das Über-Ich] vertritt für alle späteren Lebenszeiten den Einfluß der Kinderzeit des Individuums, Kindespflege, Erziehung und Abhängigkeit von den Eltern. […] Und damit kommen nicht nur die persönlichen Eigenschaften dieser El-

> tern zur Geltung, sondern auch alles, was bestimmend auf sie gewirkt hat, die Neigungen und Anforderungen des sozialen Zustandes, in dem sie leben, die Anlagen und Traditionen der Rasse, aus der sie stammen« (S. Freud, 1940a, S. 137).

Heute denken wir selbstverständlich daran, dass auch andere Bestrebungen als Triebwünsche von den Eltern aus eigenen Motiven heraus behindert werden können. Wie schon als Erster Arnold H. Modell (1965, 1971) haben auch Joseph Weiss und Harald Sampson (1986) Schuldgefühle (Trennungs- und Vitalitätsschuldgefühl; vgl. hierzu Hirsch, 2017 [1997]) auf die Behinderung von Ich-Bestrebungen wie Neugierverhalten, Expansionsbestrebungen und konstruktive Konkurrenz, also Autonomiewünsche, zurückgeführt.

Frühes Über-Ich

Melanie Kleins (1983 [1948], S. 166) Vorstellungen eines frühen Über-Ichs gehen auf Karl Abraham (1969 [1924]) zurück, der das orale Stadium der kindlichen Triebentwicklung in eine zuerst passive, dann oral-sadistische, kannibalistische Phase unterteilte. Hier vermutet man den Ursprung der Ambivalenz dem Liebesobjekt gegenüber, die letztlich als Grundlage jeden Schuldgefühls zu sehen ist: Schuld wegen der Aggression dem doch benötigten Objekt gegenüber. Klein nimmt nun ein »frühes« Über-Ich an, das aus dieser archaischen Ambivalenz herrührt, ein späteres, reifes folgt dann dem Konzept Sigmund Freuds.

Zwar sind Klein zufolge an den phantasmatischen Vorstellungen des Kleinkinds »als reale Objekte die Eltern des Kindes« beteiligt, aber:

> »1. Das Über-Ich des Kindes stimmt nicht mit dem realen Bild der Eltern überein, sondern wurde durch Phantasiegebilde oder Imagines hervorgerufen, die es in sich aufgenommen hatte. 2. Seine Furcht vor realen Objekten – seine phobische Angst – basiert auf seiner Furcht sowohl vor seinem unrealistischen Über-Ich als auch vor Objekten, die als solche real sind, die das Kind aber unter dem Einfluß seines Über-Ich in einem phantastischen Licht sieht« (Klein, 1985 [1933], S. 90).

Die Gedanken Kleins hatten nicht nur eine Wirkung auf Freud. Edith Jacobson unterscheidet einen »primitiven Kern eines Ich-Ideals« als Ergebnis infantiler Selbst- und Objekt-Imagines, verbunden mit »ersten prägenitalen Reaktionsbildungen, die bereits Internalisierungen elterlicher Gebote und Verbote zu konstituieren beginnen, als Vorläufer des Über-Ichs« von einem »Über-Ich als fest umrissenes psychisches System« (1973 [1964], S. 107), einer Struktur, deren Bildung von dem Aufgeben des Ödipus-Komplexes abhängt. Jacobson unterscheidet drei Fantasieebenen: 1. eine archaische, die den »eigenen Triebwünschen des Kindes« entspringt und archaische Körperbedrohungen beinhaltet; 2. eine »Phantasiewelt, die enger mit der Realität, mit […] elterlichen Verboten und Geboten verknüpft ist«. Die entsprechenden Ängste sind »Trennungsängste, Ängste vor Objektverlust, vor Verlassenwerden und vor Liebesverlust, Ängste vor Tadel, Bloßstellung, Zurückweisung, Kritik.« 3. Eine dritte Fantasiewelt kommt »aus den narzißtischen, omnipotenten […], perfektionistisch-moralischen Strebungen des Kindes« (ebd., S. 136). Dabei werden die bedrohlichen frühen Eltern-Imagines sowie ein frühes Ich-Ideal zu den Über-Ich-Vorläufern gerechnet. So wird verständlich, dass »das Über-Ich als eine deutlich abgegrenzte innere Instanz« (Jacobson, 1973 [1964], S. 135), also ein reifes, auf realistischen Umweltforderungen und deren identifikatorischer Akzeptanz beruhendes Über-Ich, zur Milderung *früher* Über-Ich-Ängste führen kann. Arnold H. Modell (1965, S. 327) unterscheidet verschiedene Identifikationen: eine frühe mit der mütterlichen Pflegeperson und eine spätere mit einer väterlichen Figur (man denke heute an die Notwendigkeit früher Triangulierung); die zweite Identifikation würde das strenge Über-Ich, das der ersten entspricht, mildern. Modell differenziert so zwischen primärem und sekundärem Über-Ich (ebd., S. 328); Joseph Sandler und Anne-Marie Sandler lassen auf ein frühes, primitives Über-Ich das spätere Über-Ich als ein »Erbe« des früheren folgen (1987, S. 151).

Aber in einer anderen Auffassung der Über-Ich-Bildung, die Otto Rank vertritt, wird die primäre Initiative nicht im Trieb des Kindes, sondern in einem *Einwirken der sozialen Umgebung* auf das Kind gesehen. Otto Rank beschreibt als einen Vorläufer des Über-Ichs eine »Ich-Hemmung«, die der Wiederherstellung der Einheit mit der Mutter diene.

> »Dieses von der Mutter ausgelöste Über-Ich ist keine ›Identifikationsleistung‹ des Kindes, sondern es ist im Gegenteil ›Objektanerkennung‹: Die Mutter, die sich versagt, benimmt sich eben wie die übrige (sich zunächst) versagende Außenwelt. Zugleich dient diese Objekt-Anerkennung und die in ihrem Gefolge einsetzende Ich-Hemmung als eine Form der Wiederherstellung der Einheit mit der Mutter – allerdings *innerhalb* des eigenen Ich, denn dieses Ich (und nicht die Mutter) wird in diesem Verschiebungsprozess zum Objekt der Hemmung […]. Ranks Ich-Psychologie zeigt also auf dem genetischen Weg, dass das Schuldgefühl (als Angst vor dem eigenen Ich) nicht aus der Ödipussituation stammt, sondern seinen Ursprung in der mütterlichen Versagung hat« (Rank, referiert n. Zottl, 1982, S. 85f.).

Natürlich ist Sándor Ferenczi hervorzuheben, wenn es um traumatische Einflüsse durch familiäre Gewalt geht: Das traumatische Introjekt wirkt wie ein feindliches Über-Ich, Schuldgefühle machend (im Folgenden noch ausführlicher beschrieben).Während Ferenczi auf die handfesten Einwirkungen von außen abzielt, betont Donald W. Winnicott (1974 [1958]) die Notwendigkeit einer genügend guten frühen Umgebung des Kindes, damit es die Fähigkeit zur Besorgnis und auch Schuldgefühl und damit ein reifes Über-Ich entwickeln kann. Antisoziales Verhalten geht auf mangelnde emotionale Versorgung des kleinen Kindes zurück.

Spätere Konzeptionen des Über-Ichs, die es ganz überwiegend als introjektartige Niederschläge verschiedener, oft widersprüchlicher Objekterfahrungen bzw. -forderungen auffassen, gehen von der Existenz mehrerer, gespaltener Über-Ich-Anteile aus (Loewald, 1986 [1979]; Wurmser, 1987, 1990). Ein positiver Über-Ich-Anteil kann Autonomiebestrebungen fördern, ein anderer Schuldgefühle gerade wegen dieser Bestrebungen machen. Ein freundlicher Über-Ich-Anteil kann aber auch die von einem feindselig-archaischen Über-Ich-Anteil hervorgerufenen schweren Schuldgefühle mildern (Modell, 1971, S. 344).

Schuldgefühlabwehr

Wird ein Schuldgefühl zu stark, sodass es Selbstgefühl und Ich-Funktionen beeinträchtigt, ist es unter Umständen notwendig, es abzuwehren, wenn es überhandzunehmen droht, ähnlich wie ja auch das Bewusstsein realer Schuld unerträglich werden kann und abgewehrt werden muss. Ein Mittel, übermäßiges Schuldgefühl abzuwehren, ist die Regression in projektive Mechanismen. Wie wir gesehen haben, ist die Entwicklung der Fähigkeit, Schuldgefühl zu empfinden von der Einnahme der depressiven Position abhängig; auf einer paranoid-schizoiden Stufe jedoch wird die Schuld oder das Schuldgefühl nach außen projiziert, das Individuum fühlt sich nun nicht mehr als schuldiger Täter, vielmehr als Opfer einer feindlichen Aggression, die von außen auf ihn einwirkt und sich auch in Form von Verfolgungsangst (Klein, 1983 [1948], S. 180) bemerkbar machen kann.

Verbrechen aus Schuldgefühl

Die klassische Auffassung des Schuldgefühls war ja bestimmt von der (unbewussten) Schuld wegen der ödipalen Bestrebungen. Freud hatte die Idee, dass sich jemand aus einem Schuldgefühl heraus, das er gar nicht kennt (natürlich ein unbewusstes, ödipales Schuldgefühl), real schuldig macht, also ein »Verbrechen« begeht, um für sein Schuldgefühl einen bewussten Grund zu schaffen.

> »So paradox es klingen mag, ich muß behaupten, dass das Schuldbewußtsein früher da war als das Vergehen, dass es nicht aus diesem hervorging, sondern umgekehrt, das Ver-

> gehen aus dem Schuldbewußtsein. Diese Personen durfte man mit gutem Recht als Verbrecher aus Schuldbewußtsein bezeichnen« (S. Freud, 1916d, S. 390).

(Wie bereits diskutiert, verwendet Freud »Schuldbewusstsein« meist in dem Sinne, wie hier stets »Schuldgefühl« verwendet wird.) Durch das Verbrechen wird das Über-Ich nach außen projiziert und nimmt die Gestalt verfolgender Polizei und Justiz an. Wenn diese das Vergehen nicht genug würdigen, es als Bagatelle ansehen, muss ein erneutes, größeres die Aufmerksamkeit erzwingen (Fenichel, 1974 [1945], Bd. I, S. 237; Sandler & Sandler, 1987, S. 160).

Durch sein Verbrechen hat der Delinquent sein Schuldgefühl »wenigstens irgendwie untergebracht« (S. Freud, 1916d, S. 390). Donald W. Winnicott folgt Freud, denn er versteht ein solches Verhalten als

> »unbewußten Versuch [...], einem Schuldgefühl Sinn zu geben [...]. Der antisoziale Mensch schafft sich Erleichterung, indem er sich ein begrenztes Vergehen ausdenkt, das nur auf verborgene Weise dem Vergehen in der verdrängten Phantasie gleicht, das zum ursprünglichen Ödipus-Komplex gehört« (1974 [1958], S. 33).

Winnicott hat sicher die Verhaltensstörungen manch vernachlässigter Kinder und das delinquente Verhalten Jugendlicher im Sinn, denn es ist klar, dass solche Kinder Aufmerksamkeit erzwingen wollen wie der »Verbrecher aus Schuldgefühl« bei Freud.

Deshalb ist es wohl nicht so sehr die Strafe, die ersehnt wird (um das Schuldgefühl zu mindern), vielmehr dürfte es sich um das Bedürfnis handeln, die ersehnte Liebe und Aufmerksamkeit zu bekommen, wenn auch mit dem falschen Mittel. In der vergessenen Arbeit »Das Problem der Melancholie« folgt Sándor Radó Freud (»Trauer und Melancholie« [1917e]) und versteht das Über-Ich als Niederschlag und Nachfolger des verlorenen Objekts: »Es ist, als ob das melancholische Ich zu seinem Über-Ich sagen würde: Ich nehme alle Schuld auf mich, unterwerfe mich jeder Strafe, [...] wenn du dich nur wieder meiner annimmst und lieb zu mir bist« (Radó, 1927, S. 442). Radó verbindet folgerichtig Schuldübernahme und Selbstbestrafung: »Es [das Kind] beginnt in seinem Innern *unbewußt* die elterlichen Strafen zu reproduzieren, in der unbewußten *Hoffnung auf Liebe*« (ebd., S. 443; Hervorh. i. O.). Hier ist wieder ein Autor, der die Triebpsychologie als nicht ausreichend ansieht, um die Schwere psychischer Störungen zu begreifen. Die Gewalt der Erwachsenen erzeugt Aggression im Kind, die aber nicht geäußert werden kann. Es ist dann so, als ob das Kind mit seiner Aggressivität den Objektverlust »selbst verschuldet« (ebd., S. 447) hätte.

Häufig ist es eben so, dass sich das Kind – der spätere Patient – die Aggression der Erwachsenen und damit die Schuld daran selbst zuschreibt, um sich eine genügend gute psychische Repräsentanz der Eltern zu erhalten.

> Eine Patientin entwickelte eine schwere hypochondrische Störung, verbunden mit Somatisierungssymptomen im Sinne eines psychogenen Schmerzsyndroms. Sie litt unter heftigen Nackenschmerzen und war fest davon überzeugt, einen Hirntumor zu haben, der auch die wechselnden Kopfschmerzen erklären sollte. Sie hatte ihren Vater früh, im Alter von sieben Jahren, verloren. Die Mutter hatte ihr erzählt, dass er beim Renovieren der Wohnung von der Leiter gefallen und dadurch gestorben sei. Die Patientin machte sich zu jener Zeit schwere Vorwürfe, dass sie in ihrem Studium keinerlei Fortschritte mache, praktisch völlig am Anfang stehe. Sie könne einfach nichts für sich tun. Einzig den Nachlass des Vaters, der Schriftsteller gewesen war, konnte sie verwalten und sich hin und wieder um Veröffentlichungen seiner Werke kümmern. Im Laufe der Psychotherapie stellte sich heraus, dass der Vater ganz anders ums Leben gekommen war. Die Patientin drang nun auch in die Mutter ein, ihr die wahren Todesumstände ihres Vaters mitzuteilen, nämlich dass der Vater Suizid durch Erhängen begangen hatte, dass er schon lange vorher depressiv und deshalb in ärztlicher Behandlung gewesen war. Die Hintergründe für die Symptomatik der Patientin waren nun klar: Die Nackenschmerzen entsprachen der Vorstellung, der Strick habe den Nacken des Vaters verletzt, und die Kopfschmer-

zen sowie die Angst vor dem Hirntumor entsprachen der Vorstellung, der Vater sei im Kopf krank gewesen – seine Depression (vgl. hierzu ausführlicher Hirsch, 2017 [1997], S. 253).

Introjektion und Identifikation

Schon früh dachte Sándor Ferenczi (1909, S. 19) an die Möglichkeit der Aufnahme von etwas Äußerem in das Ich, der Introjektion, als Gegenstück zur Projektion, bei der ja etwas Inneres nach außen projiziert wird. Das Freud'sche Modell der Über-Ich-Bildung beschreibt ja eine Aufnahme äußerer Beziehungserfahrungen (Werte und Vorstellungen der Eltern) durch *Introjektion* nach innen sowie die anschließende Assimilation des Aufgenommenen durch *Identifikation*, wodurch das Selbst verändert wird, weil ihm etwas hinzugefügt wird, das es sich zu eigen macht (während das unassimilierte Introjekt eher wie ein Begleiter auf das Selbst einwirkt; vgl. Sandler, 1964/65 [1960]). Die Assimilation ist umso schlechter möglich, je fremder, feindlicher und archaischer (sozusagen Inzest und Mord betreffend) das Aufgenommene ist, und umso besser, je realitäts- und Ichgerechter, also kindgerechter es ist. Die Introjektbildung setzt sich zusammen aus äußerer Erfahrung und einer modifizierenden Fantasietätigkeit (Winnicott, 1974 [1958], S. 22; Sandler & Sandler, 1987, S. 333), die fremdkörperartig Erleben und Verhalten bestimmen. Schließlich hatte Freud in »Trauer und Melancholie« (1917e) Ferenczis Vorstellung der Introjektion übernommen, wenn er auch im Falle von unbetrauerten, traumatischen Verlusten die Aufnahme des Verlorenen in die Psyche »melancholische Identifikation« und nicht Introjektion nannte.

In einer Fußnote zu seiner Arbeit *Das Ich und das Es* (S. Freud, 1923b, S. 279) findet sich nach »Trauer und Melancholie« von 1917 ein weiterer Hinweis zur Verbindung von Introjektion und Schuldgefühl. Freud fiel auf, dass nach einer »guten« Analysestunde, das heißt, Patient und Analytiker haben den Eindruck, neue Erkenntnisse gewonnen und Fortschritte gemacht zu haben, häufig eine Symptomverschlechterung eintritt. Ein solches Paradox, das er »negative therapeutische Reaktion« nannte, interessierte ihn natürlich. Freud machte nun für den Widerstand des Patienten gegen Fortschritte der Genesung einen »moralischen Faktor« verantwortlich. Hierbei handelt es sich

> »um ein Schuldgefühl, welches im Kranksein seine Befriedigung findet und auf die Strafe des Leidens nicht verzichten will […]. Aber dies Schuldgefühl ist für den Kranken stumm. Es sagt ihm nicht, dass er schuldig ist, er fühlt sich nicht schuldig, sondern krank. Dies Schuldgefühl äußert sich nur als schwer reduzierbarer Widerstand gegen die Herstellung« (ebd.).

Da das Schuldgefühl unbewusst ist und auch über seinen Zweck nicht bewusst nachgedacht werden kann, ist sein Verständnis und eine eventuelle Auflösung schwierig:

> »Der Kampf gegen das Hindernis des unbewußten Schuldgefühls wird dem Analytiker nicht leicht gemacht. Man kann direkt nichts dagegen tun, indirekt nichts anderes, als daß man langsam seine unbewußt verdrängten Begründungen aufdeckt, wobei es sich allmählich in bewußtes Schuldgefühl verwandelt« (ebd.).

Die folgende Idee Freuds, wie denn dieses unbewusste Schuldgefühl entstanden sei, ist einer von seinen genialen Gedanken, die er jedoch kaum weiterverfolgt hat. Es müsse nicht unbedingt aus dem Patienten und seinen Triebkonflikten selbst kommen, sondern könnte auch von einem anderen Objekt stammen, von dem es übernommen wurde:

> »Eine besondere Chance der Beeinflussung gewinnt man, wenn dies *ubw* Schuldgefühl ein *entlehntes* ist, das heißt das Ergebnis der Identifizierung mit einer anderen Person, die einmal Objekt einer erotischen Besetzung war. Eine solche Übernahme des Schuldgefühls ist oft der einzige, schwer kenntliche Rest der aufgegebenen Liebesbeziehung. Die Ähnlichkeit mit dem Vorgang bei Melancholie ist dabei

> unverkennbar. Kann man diese einstige Objektbesetzung hinter dem *ubw* Schuldgefühl aufdecken, so ist die therapeutische Aufgabe oft glänzend gelöst, sonst ist der Ausgang der therapeutischen Bemühung keineswegs gesichert. Er hängt in erster Linie von der Intensität des Schuldgefühls ab, welcher die Therapie oft keine Gegenkraft von gleicher Größenordnung entgegenstellen kann« (ebd.; Hervorh. i. O.).

Es gibt also eine Introjektion eines Schuldgefühls, wie Freud sagt, ich möchte noch ergänzen, dass es nicht nur ein Schuldgefühl, sondern auch die entlehnte (d. h. introjizierte) *Schuld* einer anderen bedeutenden Person sein kann. Freud denkt an dieser Stelle an nichts Geringeres als an die transgenerationale Transmission, die Weitergabe psychischer Vorgänge, also wie Angst, Aggression, traumatische Gewalt und eben auch Schuld (und Schuldgefühl), sodass in der nächsten Generation Symptome und Verhaltensweisen auftreten, die vom Schicksal der Vorgenerationen erzeugt wurden.

Wie erwähnt, knüpft Freud an die Dynamik der Internalisierung von Objekten bzw. Objektaspekten in »Trauer und Melancholie« (S. Freud, 1917e, S. 435) an, wo es heißt: »Identifikation mit dem aufgegebenen Objekt« und »der Schatten des Objekts fiel so auf das Ich.« Jean Cournut (1988) versteht die Fußnote in Freuds Arbeit als Zeichen des intuitiven Erfassens des Charakters des *Fremden* des Introjekts wie auch den Zusammenhang mit einer ungelösten Objektbeziehung. Schuldgefühle können also sowohl unbewusst als auch von äußeren Liebesobjekten übernommen worden sein, auch wenn sich Freud nicht ganz klar ausdrückt: Ist es die »Identifikation mit einer anderen Person« (ebd.), die das Schuldgefühl verursacht (heute besser nicht Identifikation, sondern Introjektion), oder ist es die Identifikation (Introjektion) mit dem *Schuldgefühl* einer anderen Person? Heute denken wir natürlich auch angesichts der überwältigenden Schuld in der Eltern- und Großelterngeneration an die Introjektion ihrer Schuld, die sich als Schuldgefühl äußert.

Neue Gedanken machten stets, kaum veröffentlicht, im Kreis der Schüler um Freud die Runde, und so wurde sein Aufsatz gleich durch seine Mitarbeiter weiter ausgearbeitet. In einer Fallarbeit schilderte Hans Lampl (1925) ein Beispiel für die Identifikation des Sohnes mit den Schuldgefühlen des Vaters und die entsprechenden Symptombildungen; ich würde aber sagen, dass die Schuldgefühle des Sohnes (des Patienten) eher der *realen Schuld* des Vaters entsprachen:

> »Er empfand das ungeheure Maß an Schuld, das der Vater gegenüber der Mutter durch die Zerstörung des Familienlebens auf sich geladen hatte […]. In der Identifizierung mit dem *sündhaft erotischen* Tun des Vaters scheint sich nun die Identifizierung mit dem Vater auf die Identifizierung mit dessen *Schuldgefühl* zurückgezogen zu haben« (Lampl, 1925, S. 466, Hervorh. i. O.).

Auch Otto Fenichel veröffentlichte eine Arbeit »Zur Klinik des Strafbedürfnisses«, in der er annahm, dass der *reale* Sadismus der Mutter »ins Über-Ich« aufgenommen, also introjiziert werde:

> »Das Vorbild für die sadistischen Phantasien des Patienten war seine *Mutter*, die so getobt hatte, wenn er oder die Geschwister etwas angestellt hatten. Die Aufnahme der Mutter ins Über-Ich des Patienten entfaltete so nach beiden Richtungen ihre Wirksamkeit: In den Selbstbestrafungen setzte er die mütterlichen Züchtigungen am eigenen Leibe fort, während die sadistischen Phantasien seine Sehnsucht bezeugten, auch in seinem Verhalten *nach außen* die Mutter zu kopieren« (Fenichel, 1925, S. 474; Hervorh. i. O.).

In diesem Beispiel handelt es sich um introjizierte negative *Eigenschaften* des Objekts, also um seine Schuld, nicht aber um dessen Schuldgefühl. Und es ist ein Beispiel für das gleichzeitige Auftreten beider Arten der Identifikation mit dem Aggressor: Weiter Opfer bleiben, aber auch Täter werden wollen (im Folgenden mehr dazu).

Freud ist insoweit zu ergänzen, dass nicht nur ein Schuldgefühl des Anderen (bzw. vielmehr das, welches er haben *müsste*) introjektiv aufgenommen wird, oft ist es seine reale Schuld, wie es aus den Fallbeispielen Lampls und auch Fenichels hervorgeht. Es wird vielmehr klar gezeigt, dass es die nicht eingestandene

Schuld der Eltern ist, die das Schuldgefühl der Kinder schafft. Die Vorstellung, dass unbewältigte Traumata, schuldhaftes Handeln, negative Eigenschaften und reale Schuld der Vertreter der Vorgenerationen von den Nachkommen verinnerlicht werden können, ist inzwischen von einigen Autoren vertreten worden. Damit ist auch der Zusammenhang von der Introjektion dieser Komplexe und der Über-Ich-artigen Wirkung – Schuldgefühl – der entsprechenden Introjekte anerkannt. So hat Friedrich-Wilhelm Eickhoff (1989) die Symptomatik einer Tochter eines Nazi-Verbrechers als »Palimpsest« bezeichnet, also als überlagerte Mitteilung der realen Schuld des Vaters. (Palimpsest ist griechisch und bedeutet »wieder abgekratzt«, es bezeichnet ein einst beschriebenes Pergament, dessen Text getilgt wurde, damit es neu beschrieben werden konnte.) Eickhoff verwendet den Begriff der *melancholischen Identifikation*, den er von Freud (1917e) entlehnt (wie gesagt ziehe ich Introjektion vor) für die Verinnerlichung einer nicht anerkannten Schuld eines Liebesobjekts; das ist, zusammen mit der nachfolgenden Identifikation, der zentrale Mechanismus der transgenerationalen Transmission von Traumafolgen (Hirsch, 2006b). Auch Cournut (1988) hat Freuds Fußnote als Introjektbildung verstanden, denn er führt das »entlehnte Schuldgefühl« auf die Familiengeheimnisse, auf unbewältigte Verluste und lähmende Depressionen der Liebesobjekte zurück. Die »Patienten [scheinen] für jemand anderen an dessen und von dessen Stelle aus zu sprechen […], um diesen anderen zu schützen mitsamt seinen Geheimnissen, von denen man nicht weiß, ob sie dem Gewissen oder der Lust oder beiden gehorchen« (Cournut, 1988, S. 76). In einer Gruft (den Begriff »Gruft« für den verborgenen Ort der Introjekte verwenden auch Nicolas Abraham und Maria Torok [1979 (1976), 1986 (1975)] gern) ist nicht nur Schuld(gefühl), sondern liegen hauptsächlich Affekte begraben (Cournut, 1988, S. 91); diese Affekte erzeugen Schuldgefühl, sogar wenn die Tatsachen (etwa der Tod von Eltern der Eltern, der Tod von Geschwistern der Eltern, schuldhaftes Handeln in Vorgenerationen oder Gewalt, unter der die Liebespersonen gelitten hatten, etc.) als Information bekannt sind, weil die Affekte, mit denen eigentlich hätte reagiert werden müssen, wegen ihrer überwältigenden Stärke nicht erlebt werden konnten, sondern abgespalten und verworfen unterdrückt werden mussten.

Viele traumatisierende Einwirkungen bedingen die Bildung von Introjekten (und damit Schuldgefühle): familiäre physische und sexuelle Gewalt, emotionale Mangelversorgung, politische Gewalt, Verluste, auch der Verlust von Heimat, nicht anerkannte reale Schuld.

Fremdkörper im Selbst

Angefangen mit der Entdeckung der Introjektion hatte Ferenczi (1964 [1909]) wohl immer (und anders als Freud) psychische Entwicklung und psychische Störung als Ergebnis von Beziehungserfahrungen im Sinn. Ferenczi war sich im Klaren, dass traumatische Erfahrungen entsprechende Fremdkörper im Selbst hinterlassen: Er berichtet von einer Patientin, die

> »gelegentlich [fühlt], besonders wenn sie aggressiv, hart, sarkastisch etc. ist, dass *etwas Fremdes aus ihr spricht*, in dem sie sich nachher nicht wiedererkennt. Das bösartige Fremde entpuppt sich [...] als die bösartige, unbeherrschte, aggressive, leidenschaftliche [...] Mutter, deren beinahe manische Gebärden und Mimik, auch ihr Schreien, das von [der] Patientin mit einer Naturtreue imitiert wird, wie sie nur die Folge einer vollkommenen Identifizierung sein kann. [...] Ein Teil ihrer Person gerät ›außer sich‹, der so leer gewordene Platz wird vom Willen des Erschreckenden eingenommen« (Ferenczi, 1988 [1985], S. 91; Hervorh. d. A.).

Introjekte sind Ich-dyston. Eine meiner Patientinnen sagte: »Meine Mutter hat sich in meinen Eingeweiden breitgemacht, da sitzt sie!« Eine andere: »Ich habe den Eindruck, dass ich meine Eltern in jeder Zelle habe, dass sie sich da eingenistet haben.« Noch eine andere Patientin: »Vielleicht steckt ein Monster in mir, ich habe Angst, dass es durch die Therapie rauskommt« (Hirsch, 2017 [1997], S. 96).

Auch der »frühe« Freud hat vor dem Aufgeben der Verführungstheorie von »Fremdkörper« gesprochen: »Wir müssen vielmehr behaupten, daß das psychische Trauma, respektive die

Erinnerung an dasselbe, nach Art eines Fremdkörpers wirkt, welcher noch lange Zeit nach seinem Eindringen als gegenwärtig wirkendes Agens gelten muß« (S. Freud & Breuer, 1895d, S. 85). Leon Wurmser fragt sich: »Was ist die *Perversion des Gewissens*, die zum Erscheinen jenes ›Dämon‹ führt?« (1987, S. 3; Hervorh. i. O.), eines Dämons der schweren Neurose, manifestiert durch »Gegenwillen« und »Wiederholungszwang.« Patienten verwenden Bilder für den Fremdkörper, manchmal sehr anschaulich und kreativ: Das Fremde sei wie ein Virus, das sich feindlich im Organismus vermehre und ausbreite, dort nach einem fremden Programm sein Unwesen treibe; Virus im medizinischen Sinn oder als Computervirus gedacht. Auch das Bild vom malignen, abgekapselten Tumor wird verwendet, und das Über-Ich-artige des Introjekts bezeichnet am besten der Begriff »innerer Saboteur«, den William R. D. Fairbairn (1952) verwendete und der sehr geeignet ist, das Lebensfeindliche, das Erfolg Behindernde des Fremdkörpers zu bezeichnen. Ein beeindruckendes Beispiel für die traumatische Introjektion, geradezu Inkorporation, findet sich in dem Bild, das Heinrich Heine (im *Wintermärchen* von den Preußen entwirft (vgl. hierzu auch Parin, 1990):

»Noch immer das hölzern pedantische Volk,
Noch immer ein rechter Winkel
In jeder Bewegung, und im Gesicht
Der eingefrorene Dünkel.

Sie stelzen noch immer so steif herum,
So kerzengerade geschniegelt,
Als hätten sie verschluckt den Stock,
womit man sie einst geprügelt …«
(Heine, 1976 [1844], S. 97f.; Hervorh. d. A.).

Es gibt viele Formulierungen, die das unheimlich Fremde des Introjekts bezeichnen: ein »Rest« (S. Freud, 1923b, S. 279, Fußnote), ein »isolierter Ich-Anteil« und »malignes Introjekt (Müller-Braunschweig, 1970, S. 673), ein »obskurer hartnäckiger Gast des Ichs« (Cournut, 1988, S. 470), ein »gefrorenes Introjekt« (Giovacchini, 1967), ein »dämonisches Introjekt« (Moser, 1996),

»Krypta«, »kryptische Identifikation«, auch »Einschließung« bei Abraham und Torok (1979 [1976], 1986 [1975]; Torok, 1983 [1968]; Abraham, 1991 [1978]), ein »randständiges Introjekt« (Wisdom, 1961/62), das sich vom »kernständigen« unterscheidet, denn Letzteres ist in den Kern des Selbst integriert, Ersteres bleibt außerhalb. Nicolas Abraham (1991 [1978[) nennt es »Phantom«, genau wie Virginia Woolf (1991), die den Begriff verwendete, um die Unmöglichkeit zu bezeichnen, den Geist der Mutter loszuwerden, die starb, als die Dichterin neun Jahre alt war.

Der Vergleich des Introjekts mit einem Virus, der sich der Körperzelle oder auch des Computers bemächtigt und dort sein eigenes, für das Individuum fremdes und destruktives Programm realisiert, passt gut zum Erleben der Patienten, sich wie fremdgesteuert zu verhalten. Das Introjekt ist auch für den Wiederholungszwang (S. Freud, 1914g) verantwortlich, dabei werden immer wieder zerstörerische Szenen wiederholt, die der ursprünglichen Gewalt entsprechen. Das betrifft die oft zwanghaften selbstdestruktiven Handlungen wie Selbstbeschädigung, sexuelle Promiskuität, Traumaäquivalente wie Angstattacken, Albträume und Somatisierungen. Das Introjekt ist lebensfeindlich, es behindert Kreativität und Ich-Funktionen (Giovacchini, 1967), es verursacht Gefühle der Leere, des mangelnden Selbstwerts, der »grundlosen« Depression voller Schuldgefühle. Also fallen in Therapien Ausdrücke wie »Leiche in sich selbst« (Kogan, 1990a, S. 67), »seelisch tot« (Faimberg, 1987, S. 115; Skogstad, 1990, S. 22), »lebendig tot« (Giovacchini, 1967; Derrida, 1979 [1976]), »wie im Nebel, innerlich gefroren« (Skogstad, 1990, S. 27; Giovacchini, 1967): Manche Patienten machen den Eindruck, abwesend zu sein (Faimberg, 1987, S. 115). Solche Phänomene behindern natürlich den Fortgang der analytischen Psychotherapie; für eine eintretende Stagnation reicht der Begriff Widerstand nicht, es ist eher ein toter Raum, der weder vom Patienten noch vom Analytiker mit Symbolen und Affekten gefüllt werden kann. Leicht wird die Aktivität des Analytikers als intrusiv und feindlich erlebt, Symptome werden stärker, das Verhalten destruktiver ähnlich der negativen therapeutischen Reaktion.

Sándor Ferenczi als Begründer einer psychoanalytischen Traumatologie

Sándor Ferenczi hat sich in den 1920er Jahren intensiv mit den Einflüssen der familiären Umwelt auf das sich entwickelnde Kind auseinandergesetzt. Unübersehbar zeigt sich seine Identifikation mit dem Kind als Objekt elterlicher Einwirkungen bereits in den Titeln seiner Arbeiten: »Die Anpassung der Familie an das Kind« (1964 [1927]), »Das unwillkommene »Kind und sein Todestrieb« (1964 [1929]) oder auch »Kinderanalysen mit Erwachsenen« (1964 [1929]). Extrem destruktive Einwirkungen auf das Kind bedeuten eine Traumatisierung. Der Grundgedanke Ferenczis ist nun, dass die Gewalt nicht außen, außerhalb der Psyche des Kindes bleiben kann, letztlich weil es dann die Repräsentanten noch genügend guter Eltern verlieren würde. Das Kind nimmt die Gewalt introjektiv in sich auf, als ob es sie da besser beherrschen könnte und vor allem, als ob die Eltern so noch gut und anwesend wären. Da Ferenczi (1964 [1909]) schon früh den Vorgang der Introjektion (als Gegenbewegung zur Projektion) erdachte, lag es nahe, Introjektion und nachfolgende Identifikation als Hauptabwehrmechanismen zu konzipieren (neben der Dissoziation, an die Ferenczi [1964 [1933]] aber auch dachte).

Ferenczi hielt 1932 auf dem Wiesbadener Psychoanalytischen Kongress einen Vortrag, den er »Sprachverwirrung zwischen den Erwachsenen und dem Kind (Die Sprache der Zärtlichkeit und der Leidenschaft)« (1964 [1933]) nannte. Der Titel meint die Verwirrung des kindlich liebenden Kindes (»Zärtlichkeit«), das brutal mit der Sexualität des Erwachsenen (»Leidenschaft«) konfrontiert und traumatisch überwältigt wird. Der Trieb des Kindes kommt gar nicht vor, abgesehen von seiner zärtlichen Liebe, aber mit dieser kommt es gar nicht in Konflikt, der massive Beziehungskonflikt, das Attentat auf die Beziehung zwischen Erwachsenen und dem Kind ist allein vom Mächtigen verschuldet. Rückblickend wird klar, dass Ferenczi die Konzepte Freuds verwendete, in denen es um Internalisierungsvorgänge von außen nach innen geht: Melancholie und Über-Ich-Bildung. Nun kommt die Gewalt dazu, der das Kind ausgesetzt ist und die es notgedrungen in sich aufnehmen muss. Im Grunde knüpft Ferenczi auch an die ursprüngliche Verführungstheorie Freuds (vgl. Hirsch, 1999 [1987]) an. Zwar hatte Freud auch nach dem Aufgeben der Verführungstheorie dem Trauma eine pathogene Rolle zugestanden, aber eher als akzidentelle Störung der Triebentwicklung. Wenn Freud an Objektbeziehungen dachte, waren es libidinöse Beziehungen zu den Objekten der Triebe; die Aktivitäten der »Objekte«, also der wichtigen Bezugspersonen, und ihr Anteil an der Gestaltung der Objektbeziehung wurden vernachlässigt. Das Trauma bei Ferenczi »wird fortan, anders bei Freud, wo das Trauma das Triebschicksal bestimmt, die Beziehung zum Objekt verändern, zu äußeren Objekten wie zu den inneren Repräsentanten derselben« (Cremerius, 1983, S. 998). Versteht man »das Trauma« als extreme Form der Einflussnahme der Eltern auf das Kind, so kann man Ferenczis Konzept als Grundlage einer nicht kleinianischen (bei Melanie Klein war ja der [Todes-]Trieb die Wurzel der psychischen Störung) Objektbeziehungstheorie sehen (ebd.), denn alle Einflüsse gestalten die Objektbeziehung und natürlich auch die nachfolgende Aktivität des Kindes, sozusagen die psychische Bearbeitung dieser äußeren Einflüsse, sodass die Objektrepräsentanzen innerpsychisch modifiziert abgebildet werden.

In seinem Vortrag von der »Sprachverwirrung« wundert sich Ferenczi über die übermäßige Anpassung und Unterwerfung mancher Patienten, mit der sie größte Heuchelei und Unverständnis des Analytikers hinnehmen und sich nicht gegen seine autoritären, theoriegeleiteten Deutungen (»gesättigte« Deutungen; Ferro, 2002) zur Wehr setzen. Ein solches Verhalten sei Folge übermächtiger, in der Kindheit erlittener Gewalt und der entsprechenden Angst, dies gilt besonders im Falle des sexuellen Missbrauchs und darüber hinaus auch der Konfusion über die Qualität der Angriffe, da sie dem Stand der eigenen sexuellen Entwicklung nicht entspricht. Pathologisch veranlagte Erwachsene

> »verwechseln die Spielereien der Kinder mit den Wünschen einer sexuell reifen Person oder lassen sich, ohne Rücksicht auf die Folgen, zu Sexualakten hinreißen. [...] Schwer zu erraten ist das Benehmen und das Fühlen von Kindern nach solcher Gewalttätigkeit. Ihr erster Impuls wäre: Ablehnung,

> Hass, Ekel, kraftvolle Abwehr, [...] dies oder ähnliches wäre die unmittelbare Reaktion, wäre sie nicht durch eine ungeheure Angst paralysiert. [...] *Doch dieselbe Angst, wenn sie einen Höhepunkt erreicht, zwingt sie automatisch, sich dem Willen des Angreifers unterzuordnen, jede seiner Wunschregungen zu erraten und zu befolgen, sich selbst ganz vergessend sich mit dem Angreifer vollauf zu identifizieren.* Durch die Identifizierung, sagen wir Introjektion des Angreifers, verschwindet dieser als äußere Realität und wird intrapsychisch, statt extra. [...] Doch die bedeutsamste Wandlung, die die ängstliche Identifizierung mit dem erwachsenen Partner im Seelenleben des Kindes hervorruft, ist *die Introjektion des Schuldgefühls des Erwachsenen*, das ein bisher harmloses Spiel als strafwürdige Handlung erscheinen lässt« (Ferenczi, 1964 [1933], S. 518f.; Hervorh. i. O.).

So wie sonst das Über-Ich Schuldgefühl erzeugt, ist es hier ein Introjekt, das aufgrund einer Implantation der Gewalt der Erwachsenen und der folgenden Introjektion für die massiven Schuldgefühle verantwortlich ist, die die Opfer jeder Gewaltform verfolgen. Um sich noch erträgliche Bilder der Eltern zu erhalten, unterwirft sich das Kind notgedrungen und nimmt das Implantierte in sich auf (Introjektion) und übernimmt die Schuld der Täter. Mehrfach und deutlich benennt Ferenczi auch in anderen Arbeiten die primäre gewaltsame Aktivität der Erwachsenen, wenn er zum Beispiel von »Super-ego-Intropression seitens der Erwachsenen« (Ferenczi, 1964 [1938], S. 294) spricht, und auch in seinem *Klinischen Tagebuch von 1932* (Ferenczi, 1988 [1985]), aus demselben Jahr übrigens wie sein »skandalöser« Vortrag, ist von »Aufpfropfung einer verrückten Persönlichkeitskomponente aufs Über-Ich« (ebd., S. 94) die Rede, von »Ichfremde[r] Einpflanzung« (ebd., S. 102) und »Implantierung von unlustspendenden, Schmerz und Spannung erzeugenden Seeleninhalten in die Seele des Opfers« (ebd., S. 124). Ferenczi spricht auch von »Mutter-Influenz«, von »mütterlichem Transplantat« (ebd., S. 104), nicht selten sei »die inzestuöse Fixierung [...] der Psyche von außen eingepflanzt, also ein Über-Ich-Produkt« (ebd., S. 236).

Ferenczi lässt keinen Zweifel daran, dass der Ablauf der Traumatisierung mit der Aktivität des Erwachsenen beginnt: Implantation der Gewalt in das Kind. Dann erst erfolgt notgedrungen die Abwehr, die Introjektion durch das Kind. Pierre Sabourin macht darauf aufmerksam, dass das Trauma schon bei Ferenczi vervollständigt wird durch das Fehlen eines Zeugen, der eingreifen könnte (und müsste), denn er schreibt im Nachwort des *Klinischen Tagebuchs* Ferenczis: »Denn es ist Ferenczi, der das *›Leugnen des Stattgefundenen seitens der Mutter‹* als den Faktor betrachtet, der *›das Trauma pathogen macht‹*, also nicht nur die Vergewaltigung, sondern auch die ihr folgende Verleugnung und Verleumdung« (ebd., S. 287; Hervorh. i. O.).

Viele Patienten berichten, sie hätten als Kind die Ursache für endlose aggressive Vorwürfe, für Entwertungen und Erniedrigungen, auch für körperliche Gewalt immer bei sich gesucht: »Vielleicht habe ich ihn provoziert …«; »Ich war ja auch nicht gut in der Schule …«; »Ich habe versucht, der Mutter den Haushalt abzunehmen, war aber so ungeschickt dabei, das sie wütend wurde.« Im *Wiederholungszwang* wird die Schuldzuschreibung, zum Beispiel in Partnerbeziehungen, wiederhergestellt: »Ich werde ihn schon provoziert haben, vielleicht wehre ich mich gegen ihn, weil ich in ihm meinen Vater sehe, und er kann gar nichts dafür …«; »Geschieht mir recht, dass er mich betrogen hat, wahrscheinlich kann ich ihm das Wasser nicht reichen …«

Ähnlich wie Schuldbewusstsein und Schuldgefühl werden Introjektion und Identifikation weder von Freud noch von Ferenczi sorgfältig unterschieden: Freud spricht in »Trauer und Melancholie« von »melancholischer Identifikation« (1917e), Ferenczi von der »Identifizierung, sagen wir Introjektion des Angreifers« (1964 [1933], S. 519). Für den Internalisierungsvorgang, der einen fremdkörperartigen Niederschlag einer Objektbeziehung hinterlässt, sind sowohl Begriffe wie »Inkorporation«, »Introjektion« als auch »unbewusste Identifikation« verwendet worden. Abraham und Torok (1979 [1976], 1986 [1975]; Abraham, 1991 [1978]; Torok, 1983 [1968]) bezeichnen den Vorgang als »kryptische Identifikation«, da sein Ort eine Gruft, eine Krypta sei.

Ich denke, die Begriffe sollten sauber getrennt benutzt werden, und folge dabei Joseph Sandler, der Identifikation und Introjektion folgendermaßen unterscheidet:

> »Identifikation ist ein Prozess, in dem auf der Basis eines Aspekts einer Objektrepräsentanz eine Veränderung in der Selbst-Repräsentanz stattfindet. Man könnte in gewisser Weise sagen, dass ein Objekt in das Selbst hineingenommen worden ist. Introjektion ist sozusagen das Aufrichten eines inneren Begleiters, mit dem man im Dialog stehen kann, der aber nicht ein Teil der Selbst-Repräsentation ist. Das Introjekt ist so eher wie ein Beifahrer, jemand, der einem entweder freundlich oder unfreundlich erzählt, was man tun soll, und mit dem man einen unbewussten Austausch haben kann, genau wie er bewusst auch mit einem realen äußeren Objekt stattfinden kann« (1987/88, S. 52).

Das Introjekt ist zwar innen, aber noch vom Selbst getrennt, sodass es auf das Selbst einwirken kann, während durch die Identifikation bereits eine Veränderung des Selbst erfolgte; das Selbst hat es *sich zu eigen gemacht.*

Zwei Arten der Identifikation mit dem Aggressor

Sándor Ferenczi hat erkannt, dass das Opfer nicht umhinkann, *»sich selbst vergessend sich mit dem Angreifer vollauf zu identifizieren«* (1964 [1933], S. 519; Hervorh. i. O.). Der Terminus *Identifikation mit dem Aggressor* wird nun aber in der Literatur fast immer Anna Freud zugerechnet, die das Phänomen in ihrem Buch *Das Ich und die Abwehrmechanismen* (1980 [1936]) beschreibt. (Das Buch wurde rechtzeitig zum 80. Geburtstag ihres Vaters Sigmund Freud fertig.) Dass Ferenczi in diesem Zusammenhang nicht erwähnt wird, obwohl seine Veröffentlichung drei Jahre früher erschien als das Buch Anna Freuds, hängt sicher damit zusammen, dass Ferenczi nicht »psychoanalytisch« genug dachte, schon gar nicht in seinem Vortrag von 1932/33. Es gibt aber wohl noch einen anderen Grund: Die beiden Mechanismen sind jeweils bei Anna Freud und bei Sándor Ferenczi grundverschieden, obwohl beide gleichlautende Termini verwenden (Hirsch, 1996b). Anna Freud bewegt sich ganz auf dem Boden der intrapsychischen Vorgänge, die Reaktionen der Erwachsenen sind eher nebensächlich, der Aggressor existiert eher in der Fantasie des Kindes, als dass er real gewalttätig würde. Ferenczis Angreifer dagegen übt real Gewalt gegen das Kind aus, das massive Abwehrmaßnahmen ergreifen muss. Und darin hat er sogar einen Vorläufer: Karl Landauer hat schon im Jahre 1930 die Eltern eines Patienten, die zu seinem recht strengen Über-Ich beigetragen hatten, ziemlich drastisch als traumatisierend beschrieben. Auch hier gibt es reale »Bedroher« wie bei Ferenczi, für die Landauer erstmals, soweit ich weiß, den Begriff der »Identifikation mit dem Bedroher« (1991 [1930], S. 197) formuliert hat; er verstand diese Maßnahme als Ausweg aus der Ambivalenz des Kindes dem strengen, aber doch geliebten Vater gegenüber. Ferenczi beschreibt später in seinem Vortrag von der »Sprachverwirrung« eindrücklich die Abwehrvorgänge der Internalisierung realer traumatischer Gewalt: *»sich selbst ganz vergessend sich mit dem Angreifer vollauf zu identifizieren«*, die Opfer reagieren *»mit ängstlicher Identifizierung und Introjektion des Bedrohenden oder Angreifenden«* (1964 [1933], S. 519; Herv. i. O.).

Anna Freud greift dagegen auf die Art der Identifikation zurück, die Sigmund Freud (z. B. 1930a, S. 486) in der Konzeption der Über-Ich-Bildung verwendete; natürlich ist der Vorgang der Identifizierung (mit den Vorstellungen der Erwachsenen) ganz zentral bei der Über-Ich-Bildung, vielleicht nicht gerade die mit einem »Angreifer«, aber doch mit dem als fordernd und strafend erlebten Elternteil; durch Identifizierung kann das Kind die Liebe der Eltern erhalten und versichert sich der Beziehung zu ihnen.

Bei Anna Freud (1980 [1936]) ist die Identifikation mit dem Aggressor ein Abwehrmechanismus, der das gekränkte Ich durch Identifikation mit dem mächtigen Erwachsenen, dessen Aggression imitiert wird, wieder aufrichtet. Bei Ferenczi dagegen handelt es sich um einen lebenswichtigen Vorgang, der dementsprechend elementar die Identität des Opfers verändert (vgl. Hirsch, 1996a). Es ist eher eine Unterwerfung, ein Akzeptieren des traumatischen Systems, ein introjektives Hineinnehmen des Täters, der dadurch – weil er ja lebensnotwendig gebraucht wird – »gut« bleiben kann, ein liebender Vater zum Beispiel, während das Böse und die Schuld, die ja in der traumatischen Gewalt enthalten sind, in das Kind bzw. das Opfer gelangt. Anna Freuds Beispiele handeln von der Abwehr der Angst von Kindern vor der Aggression der Erwachsenen, indem sie selbst aggressiv werden. »Mit der Darstellung des Angreifers, der Übernahme seiner Attribute oder seiner Aggression verwandelt das Kind sich gleichzeitig aus dem Bedrohten in den Bedroher« (A. Freud, 1980 [1936], S. 296). Im Gegensatz zu den Verhältnissen, die Ferenczi beschreibt, sind die Aggressionen der Erwachsenen, mit denen die von Anna Freud erwähnten Kinder rechnen, ziemlich geringfügig, wenn sie nicht ohnehin nur in der Befürchtung der Kinder und gar nicht real existieren: der Tadel des Lehrers, ein fantasiertes Gespenst, der Zahnarzt und ein kleiner Unfall mit einer Autoritätsperson. Das Kind erwartet die Bestrafung durch die Eltern und mindert seine Angst, indem es die Aggression gegen diese zurücklenkt, sich mit den Aggressoren identifiziert. Im Zusammenhang mit dem Schuldthema ist interessant, dass Anna Freud neben der Identifikation mit dem Aggressor einen weiteren Vorgang entdeckte: »Die Identifizierung mit dem Angreifer ergänzt sich durch ein anderes Abwehrmittel, durch die Projektion der Schuld« (ebd.). Es sind also zwei Schritte zu erkennen: Identifikation mit der Aggression des Erwachsenen und Projektion der eigenen Schuld im Sinne der Schuldzuweisung. Das ist aber eine weitere Umkehrung der Vorstellungen Ferenczis: Bei Anna Freud *projiziert* das Kind seine Schuld – soweit man hier von Schuld sprechen kann, es ist eher die befürchtete Beschuldigung durch die Erwachsenen – auf die Aggressoren. Bei Ferenczi ist es umgekehrt, das Kind introjiziert, übernimmt also die Schuld der erwachsenen Täter, und rettet sich, indem es erst einmal die Repräsentanz der Erwachsenen rettet. Leonard Shengold, ein Autor, der im Geist Ferenczis denkt, formuliert es so: »Der Seelenmörder schiebt dem Kind die Schuld zu« (1989a, S. 194). Das Kind ist bei Ferenczi primär unschuldig, anders bei Anna Freud: Die Triebimpulse (Aggressionen) des Kindes werden allzu leicht mit seiner Schuld, nicht einmal nur mit einem Schuldgefühl, in Verbindung gebracht.

Man kann sagen, dass es um zwei grundlegend verschiedene Möglichkeiten geht, die einst erlittene traumatisierende Gewalt zu bewältigen. Ferenczi meint eine unterwerfende, dem Täter insofern Recht gebende Form der Identifikation mit dem Aggressor, als dass das Opfer dessen Meinung übernimmt, das Opfer, das Kind, sei schlecht, habe es nicht anders verdient,. Sagt der Täter: »Mit dir kann man's machen, du bist nichts wert«, so sagt das

Opfer gleichsinnig: »Mit mir kann man's machen, ich bin nichts wert!« – und ist oberdrein selbst schuld an der erlittenen Gewalt. Das Ergebnis: Selbstwertverlust und Schuldgefühl. Diese Form der Identifikation ist eine primäre oder globale (Müller-Pozzi, 1988, S. 75), eine verschmelzende Identifikation, die keine Grenze zwischen Täter und Opfer kennt. Der Prototyp ist das weibliche Inzestopfer, das sich verspricht, sich so das Bild eines immer noch liebenden Vaters zu erhalten; man kann diese Form der Identifikation auch »weiblich«-masochistisch nennen, auch Opferidentifikation. Die andere Art, der eher Anna Freud folgt (und so behielten beide Auffassungen weiter ihre Berechtigung), wäre eine »männlich«-sadistische; der Prototyp wäre der männliche Skinhead, der sozusagen keine Lust hat, Opfer zu sein, der sich vielmehr Schwächere, etwa Ausländer, sucht, auf die er sein eigenes Opfersein projiziert und gegen die er nun die einmal erlittene Gewalt wendet. Die Formel dafür wäre: »Mir haben die Prügel nicht geschadet, also schlage ich meine Kinder, damit einmal was aus ihnen wird!« Da der ursprüngliche Täter und seine Gewalt imitiert werden, kann man dazu auch Täter-Identifikation sagen; da der Täter und nachfolgend man selbst positiv abgebildet, in Ordnung befunden werden, verschwindet das Schuldgefühl des ursprünglichen Opfers, das Täter-Introjekt schrumpft, dafür wächst die *Schuld*, da man vorzieht, Täter zu sein.

Zwei Fallbeispiele sollen die verschiedenen Qualitäten der Identifikation mit dem Aggressor illustrieren:

> Der 16-jährige Sohn einer alleinerziehenden Mutter möchte am Samstag in die Disco, er will Spaß haben, Mädchen kennenlernen. Aber die Mutter klagt: Ihr gehe es nicht so gut, gerade am Wochenende, er solle sie doch nicht alleinlassen, er wisse ja, die Depression …

Bliebe der Junge der Mutter zuliebe zu Hause, würde er sich mit der Mutter und ihrer Forderung identifizieren, also auch mit der ihm zugeschriebenen Rollenumkehr (das Kind übernimmt Mutterfunktionen). Man kann schon sagen, die Mutter ist eine »Aggressorin«, denn ihr Verhalten ist wie ein Attentat auf die Freiheits- und Trennungsbestrebungen des Jungen. Schon der Gedanke, der Mutter nicht zu Willen zu sein, macht ihm Schuldgefühle, ließe er die Mutter allein und sie täte sich etwas an, wären sie immens.

Ein weiteres Beispiel betrifft die andere, sekundäre Form der Identifikation mit dem Aggressor (vgl. Hirsch, 2003):

> Ein 25-jähriger Medizinstudent suchte aufgrund seiner großen Angst vor einem bevorstehenden Prozess wegen eines sexuellen Übergriffs auf einen geistig behinderten jungen Erwachsenen die Gruppenpsychotherapie auf. Er befürchtete, seine soziale Grundlage, also Studium und alle Beziehungen, zu verlieren. Er kam zwar als Täter, den die Angst vor den Konsequenzen seiner Straftaten zur Therapie bewog, in den Vorgesprächen zeigte sich aber bald auch die dahinterliegende Opferseite. Vom Kleinkindalter bis weit in die Schulzeit hinein war er nach jedem Stuhlgang von der Mutter im Bidet ausgiebig »da unten« gewaschen worden, verbunden mit engem Körperkontakt und sexueller Erregung von Mutter und Kind. Die Folge waren häufige Depersonalisationsgefühle in der Kindheit, in denen er zwischen sich und anderen Personen nicht unterscheiden konnte, als wäre er sie und sie er, Verschmelzungsgefühle, die er selbst auf den innigen Kontakt mit dem Körper der Mutter zurückführte. Zum anderen trat früh eine Sexualisierung von Beziehungen ein, zu der ein Onkel, ein Bruder des Vaters, beitrug, als er den Jungen im Grundschulalter mehrfach sexuell missbrauchte. Auch hierbei empfand der Junge keine Grenze zwischen sich und dem Täter, war erregt wie dieser, wusste nicht, wer die Initiative ergriffen hatte, fühlte sich jedenfalls schuldig und hatte extreme Angst vor der Aufdeckung, weil er es *auch* gewollt hatte. Mit elf Jahren begann er, sich kleineren Kindern auf Spielplätzen zu nähern und zu masturbatorischen Handlungen zu verführen, stets mit der Vorstellung, dass es die anderen Kinder waren, die es selbst wollten und die Initiative ergriffen hatten. Der Patient konnte zwar von seinem eigenen Missbrauch berichten, war aber erst im Laufe der Therapie in der Lage, von seiner Täter-Identifikation Abstand zu nehmen und sich mit sich selbst als Opfer zu identifizieren.

Formen des Schuldgefühls

Die traditionelle Psychoanalyse hat, Freud folgend, als (unbewusste) Quelle einer jeden Form des Schuldgefühls die ödipalen »Verbrechen« – sexuelles Begehren des gegengeschlechtlichen Elternteils, mörderische Aggression gegen den gleichgeschlechtlichen Elternteil – verstanden. Darüber hinaus gab es keine differenzierte, psychoanalytisch fundierte Systematisierung des Schuldgefühls. Lediglich Joseph Weiss und Harald Sampson (1986) hatten die bahnbrechenden Arbeiten von Arnold H. Modell (1965, 1971) zum Trennungsschuldgefühl und zum »Recht auf ein eigenes Leben« sowie William G. Niederlands (1961, 1981) Konzept des Überlebenden-Schuldgefühls (dessen Definition er sehr weit fasste) ihrer eigenen Auffassung zugrunde gelegt. In meiner umfangreichen Veröffentlichung zu Schuld und Schuldgefühl (Hirsch, 2017 [1997]) habe ich folgende Einteilung des Schuldgefühls vorschlagen, gebe aber zu bedenken, dass diese kategoriale Trennung künstlich ist und die Bereiche sich regelmäßig überschneiden:

1. *Basisschuldgefühl* aufgrund der bloßen Existenz des Kindes oder seines So-Seins, insbesondere seines Geschlechts.
2. *Schuldgefühl aus Vitalität*, das heißt, expansive Bestrebungen – das Begehren, Haben-Wollen, Erfolg-haben-Wollen, Andere-übertreffen-Wollen – werden dadurch schuldhaft erlebt, dass sie von der familiären Umgebung nicht gut geheißen werden können.
3. *Trennungsschuldgefühl:* Hier sind die Autonomiebestrebungen des Kindes in allen Lebensaltern mit Schuldgefühlen verbunden, da Trennung für die elterlichen Objekte eine Bedrohung darstellt.

4. *Traumatisches Schuldgefühl:* Schwere Gewalt- und Verlusterfahrungen hinterlassen einen Fremdkörper im Selbst, ein traumatisches Introjekt, das Schuldgefühle verursacht.

Derartige Klassifizierungen sind immer künstlich und schematisch, sie dienen der Verständigung in der Fachwelt und der Orientierung angesichts der vielfältigen Äußerungen in der aktuellen therapeutischen Situation, die man begrifflich einordnen möchte. Auf jeden Fall sind Überschneidungen zu erwarten, ein nicht willkommenes Kind wird in seiner Vitalität eingeschränkt sein, wird sich aus Schuldgefühl und mangelndem Selbstwertgefühl nicht trennen können, das traumatische Schuldgefühl geht einher mit Depression und Überlebenden-Schuldgefühl, die Vitalität ist eingeschränkt.

Basisschuldgefühl

> »Ist es nicht auffallend, dass wir uns schuldhaft, verantwortlich fühlen oft auch für etwas, für das wir gar nichts können, und was gänzlich unserer Einflußsphäre entrückt ist, z. B. für Eigenschaften, für körperliche Mängel und Unschönheiten und dergleichen mehr, kurz dafür, daß man *so ist*?« (Marcinowski, 1924, S. 19; Hervorh. i. O.)

So formuliert es der frühe »Freudianer« Johannes Marcinowski und weist auf ein Schuldgefühl wegen des bloßen So-Seins, der bloßen Existenz hin. Eigentlich müsste man Scham empfinden, nicht richtig zu *sein*, dagegen bedeutet ein Schuldgefühl, schuldhaft etwas *getan* zu haben (vgl. Hirsch, 2008), aber es ist, *als ob* der Betreffende etwas *getan*, seine Existenz (schuldhaft) verursacht hätte. Für eine solche Form des Schuldgefühls möchte ich den Begriff *Basisschuldgefühl* vorschlagen. Einmal darauf aufmerksam geworden, wird man eine Symptomatik wie Mutlosigkeit, Depression, Sich-nichts-Zutrauen, fehlendes Selbstwertgefühl bis hin zur latenten oder offenen Suizidalität oft auf ein solches globales Schuldgefühl zurückführen können, für das es erst einmal keine eigentliche Begründung gibt.

In der Literatur finden sich häufig Hinweise und Beschreibungen, ohne dass aber ein solches Schuldgefühl in einen theoretischen Kontext eingeordnet würde. In diesen Beispielen ist die Unerwünschtheit des Kindes deutlich erkennbar; die Eltern machen keinen Hehl daraus, werfen den Kindern direkt die bloße Existenz vor, machen Vorwürfe, dass sie selbst den Kindern ihr Leben opfern und bei diesem Mann bleiben mussten, die Karriere aufgeben und auf die Freuden des Lebens verzichten mussten. Ilany Kogan zum Beispiel schreibt: »Seit Beginn ihres Lebens fühlte sich Josepha der Mutter gegenüber schuldig. Sie war schuldig durch ihre bloße Existenz, da ihre Geburt die Verschlechterung des labilen Gesundheitszustandes der Mutter verursacht hatte« (1990a, S. 76). Einer Dokumentation von Berichten von Inzestopfern ist folgendes Zitat entnommen: »Ich war ihr sowieso ein Dorn im Auge, weil ich auf die Welt kam.« Die Mutter dieser Frau sagte zu ihr: »Du solltest tot sein!« (Gardiner-Sirtl, 1983, S. 143). Eine Patientin aus meiner Praxis sprach von der »Grundschuld, überhaupt geboren worden zu sein, und von der Pflicht der Wiedergutmachung: pflegeleicht sein, sich anpassen« (Hirsch, 1999 [1987], S. 102). Ich hatte eine Patientin, die schon lange vor dem Missbrauch durch den Vater, zu dem die Mutter sie aufgrund einer neuen Partnerschaft gegeben hatte, ein unerwünschtes Kind war, gezeugt während einer flüchtigen Begegnung der Eltern, die dann gar nicht zusammenblieben: »Wahrscheinlich bin ich schuld, weil ich überhaupt geboren wurde!« Die Patientin berichtete, die Mutter habe immer gesagt: »Ich hab mich mein ganzes Leben für dich geplagt!« (ebd., S. 109) und wollte ständig, dass das Kind sich um sie kümmere!

Die Schriftstellerin Helga Schubert hat genau beschrieben, um was es geht:

> »So sprichst du zu deiner Mutter, du solltest dich schämen, so zu deiner Mutter zu sprechen, nach allem, was ich für dich getan habe, für dich entbehrt, gelitten, du kamst unerwünscht, die berufliche Karriere hast du mir unterbrochen, ja abgebrochen, die beschwerliche Schwangerschaft, die schwere Geburt, ohne dich wäre ich nicht bei deinem Vater geblieben, ohne dich hätte ich wieder heiraten können, aber eine Witwe mit Kind bei der Konkurrenz nach dem Krieg? Deinetwegen habe ich auf alles verzichten müssen, auf eine neue Familie, Reisen, unbeschwerten Reichtum,

> meine Begabungen konnte ich nicht entdecken, meine Interessen nicht befriedigen, viel Geld musste ich für dich ausgeben, weißt du überhaupt, wieviel materielle Opfer ein Kind fordert? Undankbar bist du, so sprichst du mit deiner Mutter, es wird dir noch einmal leid tun« (1990, S. 103).

Die Verantwortung für die (um nicht zu sagen Schuld an der) Existenz des Kindes tragen aber die Eltern, die es ja nicht haben fragen können, ob es einverstanden mit der Zeugung, also seiner Existenz, sei. Wieder ist es Sándor Ferenczi (1964 [1929]), der mit einer kurzen Arbeit mit dem Titel »Das unerwünschte Kind und sein Todestrieb« auf eine solche Schuldumkehr aufmerksam gemacht hat. Ferenczi möchte anscheinend die Triebpsychologie keineswegs aufgeben, allerdings kann er nicht umhin, auf die destruktiven Einflüsse der familiären Umgebung hinzuweisen oder vielmehr den Schwerpunkt auf sie zu setzen. Er findet bei seinen suizidalen Patienten in deren Vergangenheit »unlustvolle Erlebnisse […], die dem Patienten das Leben kaum mehr lebenswert erscheinen ließen« (ebd., S. 251). In zwei Fällen von latenter Suizidalität sieht er den Einfluss der Umgebung so: »Beide Patienten kamen sozusagen als *unwillkommene Gäste der Familie* zur Welt. […] Alle Anzeichen sprechen dafür, dass diese Kinder die bewussten und unbewussten Merkmale der Abneigung oder Ungeduld der Mutter wohl bemerkt und durch sie in ihrem Lebenwollen geknickt wurden« (ebd., S. 252f.; Hervorh. i. O.). Über eine weitere suizidale Patientin merkt er an, dass sie »als drittes Mädchen einer knabenlosen Familie höchst unliebsam empfangen [wurde]. […] Ihre Grübeleien über die Herkunft alles Lebendigen waren gleichsam nur die Fortsetzung der unbeantwortet gebliebenen Frage, warum man sie denn überhaupt zur Welt gebracht hat« (ebd., S. 253). Nicht das Kind ist verpflichtet, den Eltern zu folgen, sie fast bedingungslos zu lieben (»Du sollst Vater und Mutter ehren!«), sondern Ferenczi nimmt die Eltern erst einmal in die Pflicht: »Das Kind muss durch ungeheuren Aufwand von Liebe, Zärtlichkeit und Fürsorge dazu gebracht werden, es den Eltern zu verzeihen, dass sie es ohne seine Absicht zur Welt brachten, sonst regen sich alsbald die Zerstörungstriebe« (ebd., S. 254). Diese Umkehrung von Verantwortung und Schuld hat auch Einfluss auf die Psychoanalyse, denn nun ist es nicht mehr das Kind, das aufgrund seiner Triebkräfte primär schuldig ist (Grotstein, 1994 [1990]), sondern die familiäre Umgebung ist in der Pflicht.

Eine Bearbeitung des Basisschuldthemas findet sich auch bei Tom Engel und Lewis Ferguson (1992 [1990], S. 59):

> »Je stärker man von den Eltern misshandelt oder vernachlässigt wurde, umso schwerer wiegt das Gefühl, grundsätzlich schlecht zu sein. Kinder, die ständig kritisiert, zurückgewiesen, vernachlässigt, verlassen oder körperlich und sexuell missbraucht wurden, kommen gewöhnlich zu dem Schluss, es stimme etwas ganz Grundsätzliches nicht mit ihnen.«

Und an einer anderen Stelle heißt es:

> »Manche Menschen sind aus einem Gefühl grundsätzlicher Schlechtigkeit heraus eingebildete Verbrecher. Sie glauben, von Geburt an wenig intelligent, moralisch, attraktiv oder liebenswürdig, oder ein Feigling, hässlich, mittelmäßig oder einfach unwichtig zu sein. Dieses tiefsitzende Gefühl [...] beruht auf negativen Botschaften der Eltern« (ebd., S. 97).

Es ist so, dass die Kinder sich unter die negativen Botschaften der Eltern unterwerfen und dass es, wie die Autoren meinen, keine vermeintlichen »Verbrechen« gibt, denn das Kind fühlt sich keiner Tat, sondern *seiner Existenz* schuldig.

Natürlich stehen Eltern immer mehr oder weniger ambivalent der Existenz ihres Kindes gegenüber, und der ablehnende Anteil kann gering sein und auch ganz unbewusst bleiben. Manchmal ist die Existenz eines (ersten) Kindes nicht gewollt, vielleicht eine existenzielle Katastrophe für die jungen Eltern, manchmal will man schon ein Kind, aber nicht dieses, es ist nicht das richtige.

Abtreibungsversuche

Auch wenn man heute wegen einer Schwangerschaft nicht gleich heiraten muss, bedeutet ein Kind immer eine massive Identitätsveränderung und die Übernahme von Verantwortung für beide Eltern. Oft genug erfährt man in der psychotherapeutischen

Praxis von missglückten Abtreibungsversuchen, seltener von Patienten, die durch Vergewaltigungen gezeugt wurden.

Eine Patientin wurde mit 18 Jahren schwanger (eine transgenerationale Wiederholung, auch die Mutter war in einem ähnlichen Alter schwanger mit der Patientin) (Hirsch, 2001, 2017 [1997], S. 141). Die Mutter war gegen das Kind ihrer Tochter und gab ihr daher das Abtreibungsbesteck, das sie selbst damals erfolglos benutzt hatte.

Eine andere Patientin, die, um mit Ferenczi (1964 [1929]) zu sprechen, nicht wusste, was sie auf dieser Welt sein und werden sollte, wurde kurz vor Kriegsende auf der Flucht der Mutter aus dem Osten von einem sowjetischen Soldaten gewaltsam gezeugt. Das Gefühl, anders, fremd, unnütz zu sein, spiegelten ihr natürlich die Mitschüler gnadenlos wider: »Mongolenkind!«

In seinem Buch *Schuldgefühle* weist Johannes Marcinowski schon damals auf die möglichen Folgen eines Abtreibungsversuchs hin:

> »Wenn es richtig ist, dass unter den nervös Veranlagten sich eine übergroße Zahl von Menschen findet, deren Leben wörtlich genommen *im Keime* geschädigt wurde, dadurch, dass man sie eigentlich gar nicht *wollte*, dass sie einer *unerwünschten* Schwängerung entsprangen und nicht der überschäumenden Gewalt des Zeugungswillens ihr Dasein verdanken, dann tritt es doch wie eine offensichtliche Forderung logischen Denkens vor uns hin, dass solchen Menschen es am Lebenswillen selbst doch fehlen müsse« (1924, S. 32; Hervorh. i. O.).

So dachte Marcinowski schon fünf Jahre vor Ferenczi (1964 [1929]), der die unerwünschte Existenz des Kindes mit seinem Todestrieb in Verbindung brachte.

Entdeckt ein Mensch, dass er abgetrieben werden sollte, bedeutet das oft einen schweren Einbruch in die Kontinuität des Lebensgefühls, manchmal jedoch auch die Erklärung für etwas vorher kaum Definierbares, Unwägbares, für ein Fremdheitsgefühl der Patienten, die sich »anders als die Andern« fühlen, für diffuse subtile Kontaktschwierigkeiten, Depressionen, Sucht und Suizidalität. Nun aber hat er eine Erklärung; er ist nicht »anders«, sondern war ursprünglich von den Eltern nicht gewollt.

»Es wurde Casey bekannt, dass ihre Mutter mit ihr nicht schwanger werden wollte und dass sie einen erfolglosen Abtreibungsversuch unternommen hatte. Als die Mutter realisiert hatte, dass sie die Schwangerschaft austragen musste, wünschte sie sich einen Sohn. Stattdessen wurde eine Tochter mit einem leichten Geburtsschaden geboren« (Kramer, 1983, S. 339; Übers. d. A.).

Das Kind macht die Mutter krank

Ist die Geburt eines Kindes für die Eltern eine Katastrophe, ohne dass sie das bewusst realisieren können, muss die ablehnende Aggression irgendwie begründet werden. Wie bei der Hypochondrie (Hirsch, 1998a [1989]), bei der der Patient ja auch nicht in der Lage ist, sich bewusst zu machen, dass nicht etwa der Krebs den Tod bringen wird, sondern das ganze Leben nicht richtig gelebt werden konnte und auch keine Veränderung mehr zu erwarten ist. Also denkt man bewusst, das Kind kann bleiben, unbewusst aber meint man, es hat die Mutter krank gemacht oder den Vater zum Trinker. Es fallen Sprüche wie: »Du hast mir mit deinem großen Kopf da unten alles kaputt gemacht!« Oder: »Du hast mir bei der Geburt die Nieren zerquetscht!« Das *Du-hast* bedeutet natürlich: Schuldhaft hast du etwas getan, das mir geschadet hat. Ein Einwand an dieser Stelle wäre, dass das Kind doch nichts getan hätte und deshalb keine Schuldgefühle entwickeln würde, vielmehr müsste es sich schämen, da zu sein und so zu sein. Es ist aber doch so, *als ob* man etwas getan hätte und somit schuldig geworden wäre, und die Vorwürfe entsprechender Eltern meinen ja genau das: Als ob das Kind etwas getan hätte. Ferenczi nennt die Vorwürfe ständig kranker Eltern »Terrorismus des Leidens« (1964 [1933]) (dazu weiter im Folgenden).

Schuldgefühle unehelicher Kinder

Wenn es auch heute sicher immer weniger gesellschaftlich verurteilt wird, ein uneheliches Kind zu haben oder unehelich geboren worden zu sein, kann eine solche Lebenstatsache doch einen großen Einfluss auf die Entwicklung (und das Über-Ich!) der späteren Patienten haben. In den Zeiten, als nicht ehelich geboren worden zu sein als verwerflich galt, wurde diese Tatsache oft verheimlicht, und ein solches Familiengeheimnis war umso mehr geeignet, Schuldgefühle in einem Kind zu erzeugen, weil es die Ursache des Falsch-Seins nicht kannte. Wenn Tom Engel und Lewis Ferguson vom Vorwurf einer Mutter berichten: »Eine Schande, dass du geboren wurdest!« (1992 [1990], S. 111), dann fragt man doch, wessen Schande es ist und in wessen Augen die Existenz eines Kindes als Schande gesehen wird, in den Augen der Verwandten, der Nachbarn, gar der Gesellschaft?

Das weggegebene Kind

Hinter dem Gefühl, anders, falsch und nichts wert zu sein und vor allem daran schuld zu sein, steht also oft die Ablehnung durch die Eltern, die das Kind nicht annehmen konnten und schon die Schwangerschaft beenden wollten. Ähnlich kann ein Kind Schuldgefühle entwickeln, das weggegeben wurde, was als Beweis erlebt wird, dass es nicht so viel wert ist, dass die Eltern es behalten wollten. Oft geben Eltern das Kind in Pflegefamilien, wenn sie nicht in der Lage sind, für es zu sorgen, ändern sich aber die Lebensumstände (zum Beispiel, wenn eine junge alleinstehende Mutter einen Partner findet), holen sie das Kind zu sich, das nun wiederum eine Trennung zu bewältigen hat. Im Extremfall folgt das dem Muster der sequenziellen Traumatisierung, wie es Hans Keilson (2005 [1979]) am Beispiel jüdischer Kinder, die die Verfolgung durch die Nazideutschen überlebt hatten und nach dem Krieg von den Pflegeeltern getrennt wurden, beschrieben hat.

Um das Gefühl eines Adoptivkindes, anders, falsch, fremd zu sein, anders geliebt zu werden als die (leiblichen) Geschwister und damit das Gefühl, daran schuld zu sein, möglichst klein zu halten, sollten Adoptiveltern immer davon sprechen, dass das Kind adoptiert wurde, als solches zwar die leiblichen Eltern verloren hat, aber so geliebt wird, wie es irgend möglich ist. So sind junge, kinderlose Adoptiveltern mit ihrem zweijährigen Adoptivkind schon nach Südamerika gefahren und haben das immer wieder getan, um dem Kind zu zeigen und zu erklären, woher es kommt. René Hoksbergen hat auf die Gefahr der Spaltung bei Adoptivkindern hingewiesen: Mehrere Konstellationen der gespaltenen Selbst- und Objektbilder sind denkbar:

1. Die biologischen Eltern sind »schlecht«, die sozialen Eltern »gut«.
2. Die sozialen Eltern – mit denen in der Übertragung und Gegenübertragung der Hass natürlich erlebt werden kann und wird – sind »schlecht«, die (fantasierten) biologischen »gut«.
3. Das Kind *selbst* ist schlecht, es ist »schuld« an seiner Adoption, das heißt, es war schon von Anfang an so schlecht, dass es sozusagen weggegeben werden *musste*, und nun zeigt es sich wieder an den Problemen, die es den Adoptiveltern macht (Hoksbergen et al., 1994, S. 343).

Nicht nur eine verheimlichte Adoption, auch die außereheliche Zeugung eines Kindes (»Kuckuckskind«) überschattet die Kindheit und Jugend des betreffenden Kindes. Auch die verschwiegene Existenz von vor der Ehe gezeugten Halbgeschwistern wirkt ähnlich: Es entsteht das unbestimmte, undefinierbare Gefühl, dass etwas nicht in Ordnung ist, und das Kind muss denken, es sei schuld daran, um die Erwachsenen, auf die es angewiesen ist, zu schonen. Nicht nur die Geheimnisse, die die engere Familie betreffen, wirken so, auch die geheim gehaltene Schuld einzelner Mitglieder der Familie: politische Schuld, Kriminalität, Korruption, Prostitution, Suizide etc. Ein ganzes Arsenal von verschiedenen Familiengeheimnissen, die einen Patienten beeinträchtigten, schildert Leon Wurmser in einem Fallbeispiel:

> Der Bruder hat die Schwester nicht nur belästigt, sondern mit ihr Geschlechtsverkehr gehabt, was die Eltern nicht wissen; vom Vorleben des Vaters ist wenig bekannt, es sickerte allerdings durch, dass er im Krieg bei der Durchführung eines Sabotagekommandos eine Wache getötet hat; eine Großmutter ist ermordet worden; im väterlichen und im mütterlichen Teil der Familie gab es schweren Alkoholismus (1987, S. 266).

Die Dynamik der Rollenumkehr

Eine jugendliche Patientin sagte einmal: »Wenn ich bei meiner Mutter bin, die verhält sich so, als ob ich die Mutter wäre, und sie das Kind; sie ist nur über sich am Labern … Sie will immer was von mir, dabei müsste ich doch was von ihr wollen …« (Hirsch, 2017 [1997], S. 142). Rollenumkehr, also die Übernahme von Elternfunktionen für die Eltern durch das Kind, kann sowohl durch eine (implizite, auch unbewusste) Forderung der Eltern an das Kind entstehen als auch umgekehrt eine Maßnahme des Kindes sein, für die Eltern zu sorgen, um so deren mangelhafte Elternfunktion wiederherzustellen, indem das Kind sie versorgt, sozusagen auffüllt, damit sie endlich wieder gebende Eltern sein können, was aber nie tatsächlich geschehen wird.

In der Familientherapie spricht man auch von Parentifizierung des Kindes und von einer Form der Delegation, natürlich auch die Delegation von Verantwortung. Wieder ist es Sándor Ferenczi (1964 [1933]), der als Erster auf die Rollenumkehr hingewiesen hat, er spricht davon, dass manche Eltern ihr Kind zu einer »lebenslänglichen Pflegerin« heranziehen, sie unter Umständen zu »kleinen Psychiatern« (ebd., S. 523) machen; das Kind muss geradezu psychologische Fähigkeiten entwickeln, um die Eltern zu verstehen und ihnen zu helfen.

Man kann auch eine transgenerationale Weitergabe der Rollenumkehrdynamik beobachten: Nehmen wir an, eine junge Mutter, die für ihre Mutter damals Mutterfunktionen übernehmen musste, erwartet (unbewusst), von ihrem Kind das zu bekommen, was ihr die eigene Mutter nicht hatte geben können. Dieses Kind wird sich mit der mütterlichen Forderung identifizieren (müssen), denn nur so kann es versuchen, die Mutter so »aufzufüllen«, dass sie über kurz oder lang von ihr etwas Mütterliches zurückbekommt – die Enttäuschung aber wäre vorprogrammiert. Ebenso vergeblich ist die kindliche Hoffnung, durch die Erfüllung der Rollenumkehrforderung die Eltern daran zu hindern, das Kind allein zu lassen (wenn Trennung oder Suizid im Raum stehen), oder die Eltern soweit aufzurichten und zu entlasten, dass sie ihre Elternpflichten besser wahrnehmen können. Das Kind (und das betrifft sowohl Mädchen als auch Jungen), das sich mit der Funktion, Mutter für die Eltern zu sein, identifiziert, muss feststellen, dass es die Forderung nicht erfüllen kann; aus der Rollenumkehr entsteht ein Schuldgefühl, das ein schon vorhandenes potenzieren wird.

Sind Erwachsene nicht in der Lage, gegenseitig ihre Bedürfnisse zu befriedigen und ihre Bedürftigkeit zu lindern, liegt es nahe, die eigenen Kinder als Partnerersatz zu verwenden, eine Aufgabe, der sie gar nicht gewachsen sein können. Lange vor einem manifesten sexuellen Missbrauch durch ein Elternteil (vgl. Hirsch, 1999 [1987], 2016) sollen die Kinder beraten und trösten, sie werden in Entscheidungen einbezogen oder in die intimen Probleme des einen oder anderen Elternteils eingeweiht. Das Muster der Rollenumkehr bleibt gleich, das schon vorhandene Schuldgefühl des Kindes führt zur Identifikation mit dieser Aufgabe; dass das Kind sie nicht erfüllen kann, macht wiederum Schuldgefühle.

Es dürfte ein allgemein menschliches Bedürfnis sein, im Alter von seinen Kindern versorgt zu werden. Insoweit klingt das berechtigt, wenn es eine freiwillige Zuwendung der nun erwachsenen Kinder ist und nicht von den Alten gefordert oder erpresst wird. In Zeiten, in denen die Allgemeinheit für die Fürsorge der alten Menschen noch nicht aufkam, musste das die Familie übernehmen. In einer antiken Legende manifestiert sich die Sorge für die alten Eltern im Bild des Stillens, des Brustgebens der jungen Tochter, die den alten Eltern mit der Muttermilch das Weiterleben garantiert – *Caritas humana* nennt das die Legende (vgl. Hirsch, 2017 [1997], S. 145ff.). Der *Wunsch* also, von seinen Nachkommen etwas zu bekommen, ist so legitim wie er auch überall anzutreffen ist. Und man kann ja auch von seinen Kindern genug Anerkennung und Liebe bekommen, man kann sich freuen an ihrer Entwicklung und ihren Fortschritten und einen legitimen narzisstischen Gewinn daraus ziehen. Rollenumkehr bedeutet dagegen die Umkehr des Versorgungsstroms aufgrund einer Forderung, der sich das Kind notgedrungen fügt, etwas zu geben, was es eigentlich nicht geben kann.

Genau diese Dynamik – *Das Kind gibt der Mutter die Brust* – bildet sich in einem Traum ab, den eine Patientin von Joyce McDougall hatte:

> »Ich war […] in einem zerbrechlichen kleinen Boot, und das Meer wurde wilder und wilder, und ich ertrank fast. Aber ich fand eine kleine Kajüte, in die ich hineinschlüpfte. […]

> Plötzlich sah ich eine Frau in meinem kleinen Gehäuse, die zeigte auf zwei hübsche rundlich geformte Töpfe, die offensichtlich meine waren und sagte: ›Ich möchte, dass du mir die gibst.‹ Ich zögerte keine Sekunde und sagte: ›Nimm sie, sie sind deine!‹« (McDougall, 1989, S. 159; Übers. d. A.)

Die Analytikerin deutete den Traum so, dass die Patientin der Mutter »die Brust gegeben« habe.

> »Das stimmt genau! Ich habe sie ständig gefüttert – mit kleinen Geschenken und Aufmerksamkeiten. Sie brauchte die ganze Zeit Aufmerksamkeit, um nicht auseinanderzufallen. Ich fühlte mich immer schuldig, wenn es ihr schlecht ging oder sie unglücklich war, als wäre es meine Schuld. Ich war ewig ein untergebener Diener. Sie war der Grund meiner Existenz. *Sie* war das verlassene Kind, nicht ich!« (ebd., S. 160)

Im selben Sinne kann man die in Abhängigkeitsbeziehungen so häufige Rollenumkehr drastisch bebildern; mir ist eine Szene aus dem Film *Deutschland, bleiche Mutter* (Sanders-Brahms, 1981) in starker Erinnerung geblieben: Eine alleinerziehende Mutter einer vielleicht zehnjährigen Tochter hat den Krieg überlebt und irrt in dem zerstörten Deutschland umher. Die Mutter hat Probleme mit den Zähnen und gerät an einen sadistischen Zahnarzt, der der jungen Frau sämtliche Zähne zieht. Sie liegt völlig verstört im Bett, die einsame Tochter möchte etwas tun, wohl nicht zuletzt, damit die Mutter wieder für sie da sein kann, und kocht eine heiße Suppe. Als sie sich mit der großen Suppentasse dem Bett nähert, sieht die Mutter hoch, begreift blitzschnell, nimmt die Tasse und schüttet dem Kind die heiße Suppe ins Gesicht. – Drastischer kann man nicht mitteilen, dass die Bemühungen des vernachlässigten Kindes in der Rollenumkehr immer vergeblich sind und es sich vielmehr Angriffe und Vorwürfe einhandelt.

Einmal klagte eine Patientin über ihre eiskalten Hände, und mir fiel der Titel des Grimm'schen Märchens *Das Mädchen ohne Hände* ein, ohne mich an den Inhalt erinnern zu können. Ich erwähnte das Märchen in der Hoffnung, die Patientin würde daran weiterarbeiten, sie fragte aber: »Haben Sie kein Märchenbuch hier?« Ich hatte den Band da und las ihr das kurze Märchen vor. Es ist eines, das vom Opfern eines Kindes durch die Eltern handelt: Der Teufel verspricht dem Müller undenkbaren Reichtum, wenn er ihm gibt, was sich hinter dem Haus befindet. Dort ist aber nicht nur der Apfelbaum, wie der Vater denkt, sondern auch die Tochter, die den Hof kehrt. Da sie so rein ist, kann der Teufel sie nicht bekommen, ohne dass ihr beide Hände abgehauen werden, der schwache Vater muss ihr sagen: »Mein Kind, wenn ich dir nicht beide Hände abhaue, so führt mich der Teufel fort … Hilf mir doch in meiner Not …« Sie antwortet: »Lieber Vater, macht mit mir, was Ihr wollt, ich bin Euer Kind.« An dieser Stelle brach die Patientin in Tränen aus, berührte doch dieses Bild ihr eigenes Rollenumkehr-Schicksal, bei dem sie immer das Gefühl gehabt hatte, sozusagen ihre kindliche Lebendigkeit der depressiven Mutter opfern zu müssen. Leonard Shengold (1989b, S. 229; Übers. d. A.) sagt lakonisch zur unmäßigen narzisstischen Bedürftigkeit von Shakespeares King Lear: »Lear will seine Tochter als perfekte Mutter haben, als seine Amme, voll von Milch.«

Das »falsche« Geschlecht

Es kommt vor, dass ein Kind zwar erwünscht ist, das geborene jedoch nicht den (unbewussten) Vorstellungen der Eltern entspricht. Auch heute noch begegnen uns Patienten, deren Eltern mit dem Geschlecht des Kindes gehadert hatten, mit dem »falschen« Geschlecht des Kindes nicht zurechtkamen, auch heute ist wohl noch die Enttäuschung groß, wenn insgeheim ein Junge ersehnt wurde, es dann aber ein Mädchen wurde, oder aber umgekehrt, wenn es doch lieber ein Mädchen sein sollte. Die Eltern werden dem neugeborenen Kind ambivalent gegenüberstehen, natürlich wollen sie es annehmen, wie es ist, andererseits lauert die Enttäuschung, wenn es den oft irrationalen Erwartungen nicht entspricht.

Trotz aller Liberalisierung der Geschlechtsrollenvorstellungen trifft man immer wieder auf Menschen mit einer Basisstörung der Identität und einem entsprechenden Basisschuldgefühl, die auf einer nicht genügenden Anerkennung und Akzeptanz eines Kindes wegen seines Geschlechts beruhen. Wird ein Mädchen relativ abgelehnt, erhöht sich die Wahrscheinlichkeit, dass das emotional vernachlässigte Kind Opfer von sexuellem Missbrauch wird (vgl. Hirsch, 1999 [1987]). Die Grundlage der sexuellen Perversion der Frau (Welldon, 2003 [1988]) ist die (relative) Ablehnung des Mädchens durch die Mutter wegen seines Geschlechts, sodass später der eigene Körper und das aus diesem hervorgegangene Kind zum beherrschbaren sexualisierten, perversen Objekt gemacht werden kann (zur Dynamik des Missbrauchs von Jungen durch eine solche Mutter vgl. Hirsch, 2016, 2018). Ich habe Berichte gehört, dass die Mutter einer Patientin direkt nach der Niederkunft, als man ihr das neugeborene Mädchen reichte, ausrief: »Aber da ist ja gar kein Schniepel dran!« In einem anderen Fall war der Vater, der mit einem Blumenstrauß in die Klinik geeilt war, derart enttäuscht über das weibliche Geschlecht seines neugeborenen Kindes, dass er die Blumen in die Ecke warf, in einer Kneipe verschwand und drei Tage nicht mit seiner Frau sprach (Hirsch, 2017 [1997], S. 154).

Auch das männliche Geschlecht ist manchmal unwillkommen:

> Ein etwa 40-jähriger Architekt, der aber nie ein Haus gebaut hatte oder sonst berufstätig gewesen war, kam wegen seiner depressiven Zustände und dem Gefühl von Sinnlosigkeit in die analytische Psychotherapie. Er war das sechste Kind seiner Eltern, die nach all ihren Söhnen endlich ein Mädchen haben wollten – es war aber wieder ein Junge. Er wuchs in einer Art Familiendynastie auf, das Familienunternehmen hatte viel Geld erwirtschaftet, und der Patient hatte schon beträchtliche Summen von Großeltern und unverheirateten Tanten geerbt. Gleichwohl lastete auf ihm über die ganze Kindheit und Adoleszenz eine übermächtige Leistungsanforderung vonseiten der Eltern; die Formel dafür lautete: Wenn du schon kein Mädchen bist, dann werde wenigstens ein erfolgreicher, mächtiger Mann! Als hätte er den Eltern einen Gefallen tun wollen, studierte er erfolgreich Architektur, um Hochhäuser zu bauen, mächtige Gebäude, zu denen man aufschauen und bei deren Anblick man an ihren Urheber oder sogar seine Herkunftsfamilie denken könnte. Aber nie kam es dazu, er war eben wie gelähmt. Im Laufe der Therapie konnten die Komponenten seiner massiven Schuldgefühle differenziert werden: Basal war das Schuld-

gefühl, kein Mädchen zu sein, als hätte er das – schuldhaft – verursacht. Dann fühlte er sich schuldig, sein Geld wahrlich *unverdient* in den Schoß gelegt bekommen zu haben, als wäre er ein Schmarotzer oder Dieb, der sich am Familienbesitz bedient. Sekundär kam ein Schuldgefühl hinzu, nämlich wegen seines rebellischen Trotzes, mit dem er sich den Forderungen der Eltern, jemand Bedeutendes zu werden, unbewusst widersetzt hatte.

Die Kinder versuchen natürlich, sich den elterlichen Erwartungen anzupassen (wenn sie nicht über kurz oder lang, in der Adoleszenz besonders, dagegen rebellieren), beispielsweise entwickeln Mädchen jungenhafte Verhaltensweisen, klettern auf Bäume, tragen Hosen und kurze Haare. Eine double-bind-artige Wirkung hat es dann aber, wenn sie nun gerade wegen dieses Verhaltens, mit dem sie den Eltern doch gefallen wollen, von diesen empfindlich kritisiert und entwertet werden. Oder es kommt vor, dass der Vater die Jungenhaftigkeit der kleinen Tochter fördert, indem er mit ihr Fußball spielt und sie am Sonntag zum Frühschoppen mit in die Kneipe nimmt, sich dann aber beschwert, dass das größer werdende Mädchen nicht weiblich genug sei, so als wolle er sich nun mit einer kleinen Frau, seiner Tochter, schmücken. Es ist eben im Allgemeinen so, dass die Anpassungsbemühungen nicht ausreichen, die ursprüngliche Ablehnung zu beseitigen. Weder die dem Mädchen vielleicht mögliche Rebellion führt zur Anerkennung noch reicht die Anpassung an die Erwartungen aus, und beide Verhaltensrichtungen als Ausdruck von Identitätsanteilen verursachen Schuldgefühle. Ähnlich haben Engel und Ferguson (1992 [1990], S. 142) festgestellt, dass derartige Rebellionen und auch bestimmte entwickelte Fähigkeiten oder Erfolge nicht durchgehalten werden, sondern durch unbewusste Sabotage die ursprünglichen negativen Botschaften der Eltern dann doch erfüllt werden: nicht richtig zu sein.

Ersatzkinder

Ersatzkinder treten an die Stelle eines vor der eigenen Geburt oder im frühen Lebensalter verstorbenen Geschwisters oder eines anderen geliebten Menschen, wenn die Eltern den Verlust nicht genügend betrauern konnten. Entweder zeugen die Eltern ein neues Kind, das sie bewusst als Ersatz betrachten, wie es die Beispiele von Vincent van Gogh und Salvador Dalí zeigen (siehe auch im Folgenden), oder ein nachfolgendes Kind wird mehr oder weniger unbewusst als Ersatz für das verstorbene fantasiert. Die Identitätsentwicklung wird dadurch eingeschränkt, dass das Kind ständig mit dem idealisierten und idolisierten toten Geschwister verglichen und dazu aufgefordert wird, dessen unrealistischem Bild zu entsprechen. Dadurch entsteht ein fremdkörperartiges Introjekt im Selbst des Ersatzkindes, das zu einer permanenten Suche nach der Identität sowohl des toten Geschwisters wie der eigenen führt. Das Introjekt macht darüber hinaus Schuldgefühle, ein Basisschuldgefühl wegen des eigenen grundlegenden »falschen« So-Seins, und treibt das Ersatzkind dazu, nach einer nicht gekannten Identität zu streben, die den phantasmatischen Vorstellungen der Eltern entspricht. Andererseits kann das neue Kind mit ungeheurer Anstrengung einen rebellischen Kampf gegen die gewaltsame Identitätszuschreibung führen, wenn es dazu in der Lage ist.

Welche Bedeutung und Wirkung der Tod eines Geschwisters haben kann, hängt davon ab, ob bereits eine Beziehung zu ihm bestanden hat oder nicht. Bestand eine Beziehung, ist es wünschenswert, dass das Kind genügend trauern kann, um sich aus der Beziehung zu lösen und ein relativ unbeschwertes, eigenes Leben zu führen. Dazu gehört aber, dass die Familienangehörigen ihrerseits zu trauern in der Lage sind, umso eher kann es auch das Kind, und die Familie wird dabei helfen können, auch Schuldgefühle machende Gefühle wie Aggression oder Neid und Eifersucht dem Verstorbenen gegenüber anzuerkennen und damit zu überwinden. Wenn aber ein Geschwister vor der Existenz des Ersatzkindes starb, ist die Gefahr groß, dass seine Zeugung unbewusst oder sogar bewusst den Verlust ungeschehen machen soll, als ob das gestorbene Kind dadurch weiterleben könnte und auch die Eltern nicht trauern müssten, so als wäre nichts geschehen. Man kann eine solche Verleugnung auch als Beispiel für pathologische Trauer (die ja eben keine Trauer ist) verstehen.

Wie immer ist das Opfer, das Kind, unschuldig, aber das Introjekt, das das tote Geschwister hinterlässt und das die Eltern dem

Ersatzkind implantiert haben, macht massive Schuldgefühle. Da das Schuldgefühle machende Ereignis und was es für die Familie bedeutet vor der Geburt stattfand, muss ihm die Beeinträchtigung vermittelt worden sein. Der »Schuldkomplex« kommt nicht von innen, er wird dem Kind von außen implantiert. Vielleicht stehen wir deshalb fasziniert vor dem Phänomen Ersatzkind, weil in uns allen noch die alten Mythen von den Geistern und Gespenstern, den Untoten, wirksam sind. Das Ersatzkind ist tatsächlich tot und doch in gewisser Weise anwesend, jedenfalls psychisch, es ist untot. Wohl als Erste haben Albert C. Cain und Barbara S. Cain die Dynamik des Ersatzkindes beschrieben: Die Eltern bleiben an das verlorene Kind gebunden und sehnen sich nach ihm, die Eltern sind nicht frei, für das Ersatzkind liebend da zu sein. Seine »Existenz ist fast ausschließlich als Teil des Versuchs, das verlorene Objekt zurückzuerhalten oder wiederzugewinnen« (Cain & Cain, 1964, S. 453), zu sehen, und die Beziehung zu ihm wird überschattet vom Bild des verlorenen Kindes. (»Der Schatten des Objekts fiel so auf das Ich«, wenn eine Ablösung durch Trauerarbeit nicht möglich ist [Freud, 1917e, S. 435].) Die Autoren formulieren das Unbewusste der Eltern, und dabei erscheint eine Schuldzuweisung, die genau dem späteren Schuldgefühl des Kindes entspricht: »Das neue Kind ist *anstelle* unseres toten Kindes am Leben. Es hat *seinen Platz eingenommen.* Dieses Kind ist nicht unser totes Kind, es sollte es sein, es ist seine Schuld, dass es das nicht ist. […] Es ist verantwortlich für *all* das, es ist *ganz seine Schuld*« (Cain & Cain, 1964; Hervorh. i. O.; Übers. d. A.).

Die Eltern des Ersatzkindes können nicht trauern. Eine ähnliche Unfähigkeit, die eine subtile Form der Deprivation für ein kleines Kind bedeutet, beschreibt André Green (1993 [1983]) mit der Imago der *toten Mutter*; für das Kind ist die so erstarrte Mutter, die den Verlust eines Angehörigen nicht betrauern konnte, eine tote Mutter, nämlich eine äußerlich anwesende, innerlich aber aufgrund einer chronischen Depression abwesende Mutter. Durch die Introjektion der »toten Mutter« entsteht eine Leere, die das Kind mit frühzeitig entwickelten Fähigkeiten auszufüllen versucht. Scheitert es darin, resigniert es, erstarrt es ebenso wie die Mutter, dann lebt es ein ungelebtes Leben in der Identifikation mit dem Aggressor, voller Schuldgefühle, als habe es die Depression der Mutter verursacht. Die Wirkung der Beeinträchtigung des Kindes durch chronisch kranke oder suizidale Eltern hat Sándor Ferenczi »Terrorismus des Leidens« (1964 [1933]) genannt.

Anscheinend sind auch viele Analytiker der Faszination, die von der Ersatzkinddynamik ausgeht, erlegen. So bemerkt Jean Cournut, dass das Ersatzkindschicksal eines Patienten anfangs oft gar nicht bekannt ist, sodass etwas Ungreifbares die Analyse behindert, bis es vielleicht im Laufe der Therapie aufgedeckt wird. Cournut berichtet über

> »Analysen, die so lange stagnieren, bis sich ein unbekannter oder verkannter Todesfall offenbarte, [...] der sich vor der Latenzperiode des Patienten ereignete, in zeitlicher Nähe seiner Geburt oder sogar vorher, nicht den Vater oder die Mutter betreffend, sondern einen Großelternteil oder ein älteres Geschwister, das früh verstarb« (1988, S. 76).

Aus nebenbei gemachten Bemerkungen der Patienten wie: »Ich glaube, meine Mutter hatte einen Sohn vor mir, aber er starb vor meiner Geburt, ich habe ihn nicht gekannt« (ebd., S. 77) schließt Cournut, »dass ein Toter umherirrte, von dem niemand etwas wissen wollte« (ebd., S. 76).

In meiner Praxis war eine Patientin, deren Mutter ihr schon, als sie ein Kind war, erzählt hatte, dass sie sieben Jahre vor ihrer Geburt eine Totgeburt gehabt hatte, es hätte ein Junge sein sollen. In Zeiten der Regression bekommt dieser tote Bruder eine seltsame Qualität von Wirklichkeit im Erleben der Patientin: »Mein Bruder ist in meinem Kopf, dann sind wir drei ...« Sie stellt ihn sich vor, spricht mit ihm. (Der Sinn scheint zu sein, dass sie mit der Mutter in illusionärer Vorstellung seiner Existenz verbunden ist, also zu dritt.) Dann wieder hat sie die Fantasie, als hätten nur zwei auf einer Bank Platz. Als jüngstes Geschwister habe sie sich so auf die eine Seite gesetzt, dass auf der anderen das tote Geschwister hinuntergefallen sei. Die Eltern erzählten ihr, sie hätten nicht getrauert, es sei sowieso Krieg gewesen (es war das Jahr 1949!). Die Patientin versetzt sich in die Mutter, die etwas Totes in ihrem Körper trägt, etwas Kaltes, wie entsetzlich! (Hirsch, 2017 [1997], S. 158f.)

Es fallen immer wieder Ähnlichkeiten und Parallelen voneinander völlig unabhängiger Schicksale verschiedener Menschen auf, deren Gemeinsames aber ein totes Kind, ein vor ihrer Geburt oder in den ersten Lebensmonaten verstorbenes Geschwister ist.

Eine Patientin Serge Lebovicis, Françoise, berichtet dem Analytiker, dass sie auf den Tag genau ein Jahr nach der Totgeburt einer Schwester namens Françoise zur Welt kam; sie erhielt denselben Vornamen (1988, S. 55). Humbert Nágera berichtet über van Gogh, dass seine Mutter eine Totgeburt erlitt, das Kind wurde Vincent Willem genannt. Auf den Tag genau ein Jahr später wurde wieder ein Junge geboren, er erhielt dieselben Vornamen wie der tote Bruder (Nágera, 1973 [1967], S. 10).

Die Eltern von Dalí hatten einen ersten Sohn, Salvador Dalí y Domènech, der im Alter von 21 Monaten starb; Dalí sagte immer, an einer Hirnhautentzündung, man vermutete auch, aufgrund von Gewaltanwendung durch den Vater (Secrest, 1986/87, S. 27). Dalí wurde neun Monate und zehn Tage nach dem Tod des Bruders geboren und erhielt dieselben Namen: Salvador Dalí y Domènech. Hinzu kam, dass auch der Vorname des Vaters Salvador war. Die Eltern glaubten an Wiedergeburt, »sie zogen jeden Tag Vergleiche zwischen den beiden. Sie gaben ihm dieselben Kleidungsstücke und dieselben Spielzeuge. Sie behandelten ihn, als ob er der andere wäre, und Dalí bekam den Eindruck, daß er nicht wirklich existierte. Das war die Quelle all seiner Probleme« (ebd., S. 32). Dalí erzählte selbst, seine Mutter habe gesagt: »Binde dir einen Schal um, zieh dich warm an, sonst wirst du sterben wie dein Bruder […] an Hirnhautentzündung« (ebd.).

Elsbeth Wolffheim (1989, S. 8) berichtet, dass sich der Schriftsteller Hans Henny Jahnn mit seinem Bruder, der im Alter von zwei Jahren, ein Jahr vor der Geburt Jahnns, gestorben war, so weitgehend identifizierte, dass er dem toten Bruder seinen Namen, Hans, gab. Damit war auch er wie seine Schicksalsgenossen mit dem toten Bruder identifiziert, nur vollzog er die Namensgleichheit selbst, während sonst umgekehrt die Eltern dem neuen Kind den Namen des verstorbenen Geschwisters gaben. Andererseits veränderte Hans Henny Jahn seinen Nachnamen in Jahnn, und unterschied sich dadurch wieder von seinem Bruder, Gustav Robert Jahn.

Ein weiterer Autor, William G. Niederland erzählt eine besondere Geschichte über Heinrich Schliemann: Er wurde im Januar 1822 geboren; im März 1822 verstarb sein acht Jahre älterer Bruder

Heinrich. Nun wurde das drei Monate alte Kind Heinrich genannt, vielleicht war es noch nicht getauft, vielleicht hat der Vater, der Pfarrer der Gemeinde, das Taufbuch gefälscht, als ob dadurch das gestorbene Kind nicht ganz verloren wäre (Niederland, 1967, S. 70).

Die Mutter Rainer Maria Rilkes konnte den Tod ihres ersten Kindes, einer Tochter, die eine Woche nach der Geburt verstorben war, nicht verkraften. Den im nächsten Jahr geborenen Sohn nannte sie René, der (die?) *Wiedergeborene*, und fügte noch ein *Maria* hinzu. Bis zu seinem sechsten Lebensjahr wurde Rilke als Mädchen erzogen, auch entsprechend gekleidet. Erst eine mütterliche Geliebte, Lou Andreas-Salomé, drängte ihn viel später, René in Rainer zu verändern; René fand sie zu wenig männlich.

Natürlich ist nicht jedes Kind, das nach einem verstorbenen Geschwister gezeugt wurde, ein Ersatzkind, dem die eigene Identitätsentwicklung verwehrt wird. Aber in den geschilderten Fällen bekommen sie entweder genau denselben Namen, den das gestorbene Geschwister hatte, oder sie bekommen als Junge einen Mädchennamen, weil das gestorbene Kind ein Mädchen war (Rilke), oder sie geben dem Toten den eigenen Namen: Hans. Hans Henny Jahnn sieht auf das Grab des Bruders und schreibt in sein Tagebuch: »Ich weiß – dort werde ich nie ruhen, dort ruht schon ein Hans Jahn! Ich könnte es sein, denn auf dem Grabstein steht nur: ›Hier ruhet Hans Jahn.‹ – Ich könnte es sein, aber es ist mein Bruder« (Wolffheim, 1989, S. 8f.; Hervorh. i. O.).

Über Vincent van Gogh, auch ein Pfarrersohn, schreibt Humbert Nágera:

> »Das Grab dieses toten Bruders lag nahe dem Eingang zur Kirche seines Vaters in Zundert. Wahrscheinlich sah Vincent dieses Grab mindestens jeden Sonntag. Es muss wohl einen eigentümlichen Eindruck auf ihn gemacht haben, seinen Namen auf dem Grabstein des Bruders zu sehen« (Nágera, 1973 [1967], S. 10).

Und Heinrich Schliemann steht vor dem Grab seines Bruders wie vor einem Rätsel:

> »[Es] muss für den überlebenden Knaben Heinrich, nachdem er lesen gelernt hatte und bei Friedhofsbesuchen der Grab-

> stätte des verstorbenen Bruders *seinen eigenen Namen als Todesinschrift* in den Grabstein gemeißelt fand, eines der großen und beängstigenden Geheimnisse seiner Jugend gewesen und darüber hinaus Zeit seines ganzen Lebens geblieben sein. Er war sich offenbar niemals ganz sicher, ob er der *tote* Heinrich *im* Grab oder der *lebende* Heinrich *außerhalb* des Grabes war« (Niederland, 1989 [1967], S. 70; Hervorh. i. O.).

Nichts liegt näher als anzunehmen, wie es Niederland tut, dass dieses Rätsel das erste war in seinem Leben, das dem Lösen der Menschheitsrätsel geweiht war, der Motor für »dessen rastlose Tätigkeit, Arbeitswut, Schaffen, Reisen, Geld-verdienen, Sprachen lernen, Schreiben, Ausgraben, Verborgenes und Entschwundenes ans Tageslicht fördern, Inschriften lesen und entziffern« (ebd., S. 71). – »Ihm kam es vor allem auf die *Enterdung* […] des Begrabenen und Verlorengeglaubten an, es wieder ans Tageslicht zu bringen und so […] das Tote wiederherzustellen, es der Erde zu entnehmen und ›neu‹ oder ›lebendig‹ zu machen« (ebd., S. 68).

Natürlich können nicht alle Ersatzkinder eine derartige außergewöhnliche Kreativität entwickeln, wie es in diesen Beispielen prominenter Künstler, Dichter und Entdecker erscheint. William G. Niederland (1989 [1967]) und George H. Pollock (1978) nehmen an (indem sie Melanie Klein folgen), dass in der teils ungeheuren kreativen Anstrengung dieser Künstler, Dichter und Wissenschaftler der Wunsch nach Wiedergutmachung liegt. Das würde zum Schuldgefühl, im Vergleich zum toten Geschwister überlebt zu haben, passen. Das größte Schuldgefühl scheint mir aber darin begründet zu sein, dass das Kind natürlich jemand Eigenes sein will, im eigenen Recht leben will, und dieser Wunsch, der eine Trennung von den Intentionen der Eltern bedeutet, macht Schuldgefühle, als ob den Eltern das (tote) Kind weggenommen würde, wenn das lebende seine Aufgabe, es zu ersetzen, verweigert. Als ob es das Geschwister geradezu töten würde. Und so sehe ich ein starkes Motiv in der großen Anstrengung: Zu zeigen, dass man jemand Eigenes ist, etwas Individuelles leistet und so eine unverwechselbare Identität erworben hat: Auf keinen Fall das tote Geschwister sein! Das bedeutete eine *Rebellion* gegen die Implantation oder Zuschreibung der fremden Identität, ein

Befreiungs- und Selbstfindungsversuch, auch ein Versuch, dem ständig präsenten Schuldgefühl etwas entgegenzusetzen.

In seiner bemerkenswerten Autobiografie, die er mit 37 (!) Jahren verfasste, schreibt Salvador Dalí trotzig-selbstbewusst: »Aber Salvador Dalí war und lebte, allerdings! Und wir werden noch viele merkwürdige Dinge über ihn hören« (Dalí, 1990 [1942], S. 170). Und Dali weiter, ganz ohne Ironie: »Meine Eltern tauften mich auf denselben Namen wie meinen Bruder – Salvador: Ich war, wie mein Name andeutet, für nichts Geringeres bestimmt, als die Malerei aus der Leere der modernen Kunst zu retten ...« (ebd., S. 14). In diesem einen Satz also stellt er die *selbst* gewählte Bestimmung trotzig der anderen, aufgezwungenen, nämlich die Eltern zu retten, gegenüber:

> »Als Kind hatte ich alles immer ›anders als die anderen‹ gemacht. [...] Mein fortwährendes, tolles Bedürfnis, mich ›anders‹ zu fühlen, ließ mich vor Wut heulen, wenn eine Übereinstimmung mich zufällig in dieselbe Kategorie wie andere bringen sollte. Vor allem und um jeden Preis: Ich – nur ich! Nur ich! Nur ich!« (ebd., S. 146)

Auch von Vincent van Gogh wird berichtet, »er habe ein merkwürdiges, ungewöhnliches, exzentrisches Benehmen gehabt und sei deswegen gelegentlich bestraft worden« (Nágera, 1973 [1967], S. 15). Und über seine Kunstwerke schreibt Nágera,

> »dass er einen ständigen Kampf führen musste, um in seinem Leben für sich eine Identität zu finden, eine Identität in seiner Kunst, einen einmaligen Stil, der ihn, wie er später sagt, von allen anderen unterscheiden könnte und seine Werke, auch wenn sie unsigniert wären, kenntlich machte« (ebd., S. 41).

Zwar war seine Kunst unverwechselbar, und van Gogh dürfte sich mit ihr identisch gefühlt haben, aber ein sicheres Identitätsgefühl konnte er nicht erreichen: Er musste genau in dem Moment seinem Leben ein Ende setzen, in dem seine erste große Ausstellung vorbereitet wurde, durch die er auch in der Öffentlichkeit jemand Besonderes geworden wäre, individuell, anders als der tote Bruder.

Heinrich Schliemanns unermüdlicher kreativer Schaffensdrang verlieh ihm eine einmalige unverwechselbare Identität, und zwar durch »eine schöpferische Leistung, die ihm den ebenso ersehnten wie berechtigten Weltruhm einbrachte« (Niederland, 1989 [1967], S. 72).

Nicht immer bestehen die Folgen des Introjekts des toten Geschwisters in Rebellion und Kreativität als Zeichen großer Anstrengung, das Leben selbst zu bestimmen, viel öfter dürfte das lebensbehindernde Element aufgrund der Unterwerfung stärker sein. Oft sind die beiden wichtigen Bereiche, die berufliche Identität und Partnerbeziehungen (»Lieben und arbeiten«, wie es Freud bereits auf den Punkt brachte), mehr oder weniger stark betroffen.

Für das Ersatzkind ist es schwer oder fast unmöglich, dem Dilemma zu entkommen. Unterwirft es sich der Forderung der Eltern, das gestorbene Geschwister zu ersetzen, ist es nicht es selbst, entwickelt ein Gefühl, niemand zu sein oder nicht richtig, da es die Aufgabe nie erfüllen kann: Das tote Kind ist ein Phantom im Kopf der Eltern, ein Engel, überirdisch. Rebelliert es aber dagegen, will es überdeutlich jemand Besonderes sein, treten wieder Schuldgefühle auf, die Eltern zu verletzen oder sie zu verlassen. Also werden sich zwei Schuldgefühl-Bereiche überschneiden, wie es Arnold H. Modell schon konzipiert hat: der des Trennungsschuldgefühls und der des »Rechts auf ein eigenes Leben« (Modell, 1965). Wenn Eltern ein Kind in einer bestimmten Funktion brauchen und das Kind sich davon trennen will, wird auch das Ersatzkind ein Trennungsschuldgefühl entwickeln.

Das Prinzip des Basisschuldgefühls in allen seinen verschiedenen Ursachen und Erscheinungsformen ist, dass das Kind und der spätere Patient sich wertlos, schlecht, falsch und schuldig fühlen für etwas, das sie selbst nicht zu verantworten hatten und haben. Unbewältigte Traumata, Verluste, die nicht betrauert werden konnten, nicht anerkannte reale Schuld, die die Eltern- oder Vorgenerationen betreffen, und gerade ihre fehlende Bewältigung führen zu ihrer Implantation in die Psyche der Nachkommen und ihrer Introjektion. Ein solches transgenerationales Introjekt (Hirsch, 2000) bewirkt ein Schuldgefühl, das keiner Intention, schon gar keiner Tat und auch keiner Triebregung, also keiner »Schuld« des Kindes entspricht.

Das Bedürfnis, vital und getrennt zu leben

In meiner umfangreichen Veröffentlichung zu *Schuld und Schuldgefühl* (Hirsch, 2017 [1997]) habe ich versucht, die Bereiche Schuldgefühl aus Vitalitätsbestrebungen und solchen aus Trennungswünschen getrennt zu behandeln. Aber gerade bei diesen (erst einmal verborgenen) Hintergründen des Schuldgefühls stellte sich immer mehr heraus, dass eine solche Trennung schwer durchzuhalten ist: Vitalität, also der Wunsch, (im eigenen Recht) leben zu wollen, enthält immer auch den Wunsch nach Unabhängigkeit, nach Freiheit, also Getrenntsein von anderen. Und umgekehrt: Kann der Jugendliche sich aus Schuldgefühl nicht trennen, kann er auch nicht frei genug leben, seine Vitalität ist aufgrund von Schuldgefühlen eingeschränkt. Und es kommt noch komplizierend dazu, dass das Schuldgefühl begleitet wird von der Angst, erwachsen zu werden, eine *Furcht vor der Freiheit*, wie es Erich Fromm (1999 [1941]) nannte. Deshalb werde ich hier die beiden Bereiche zusammen vorstellen, da sie sich ja doch meist überschneiden.

Was treibt den Menschen an, dass er leben will? »Wir sagten uns, man gehe wahrscheinlich nicht irre, wenn man zunächst zwei Haupttriebe, Triebarten oder Triebgruppen unterscheide, nach den zwei großen Bedürfnissen: Hunger und Liebe« (S. Freud, 1933a, S. 102). Freud greift in der späten *Neuen Folge der Vorlesungen zur Einführung in die Psychoanalyse* die frühe Dichotomie der Triebe, Lebenstrieb und Sexualtrieb, wieder auf und meint, »daß das lebende Einzelwesen zwei Absichten diene, der Selbsterhaltung und der Arterhaltung« (ebd.). Die Lebenstriebe sind Ichtriebe; zu den Ichtrieben »rechneten wir alles, was mit der Erhaltung, Behauptung, Vergrößerung der Person zu tun hat« (ebd.). Während die Sexualtriebe viel besser untersucht seien, kann Freud über die Ichtriebe, die er auch Selbsterhaltungstriebe nennt, nicht viel sagen. Alle Triebformen leitet er von der Biologie ab; das Modell für die Selbsterhaltungstriebe sind Hunger und Durst. Die spätere Dualität der Triebe sind Aggression (schließlich Todestrieb) und Sexualität; die Lebenstriebe treten in der psychoanalytischen Theorie weitgehend zurück.

Um zu überleben, ist wohl ein gutes Maß an Aggression, konstruktiver Aggression, erforderlich. So weit, so gut. Aber wer bestimmt das Maß? Ein eigentlich legitimer, wünschenswerter Lebenswille könnte von der sozialen Umgebung (natürlich zuerst von der Familie) als zu stürmisch betrachtet werden, als egoistisch, rücksichtslos, und zwar rücksichtslos den Menschen gegenüber, mit denen man lebt und von denen man abhängig ist. Also müssen auch die Selbsterhaltungstriebe reguliert werden, und auch für sie gilt der Grundgedanke Freuds über die Kultur: Die Regulierung übernimmt das Über-Ich, das die Triebe in Schach hält und sozialverträglich macht (Freud, 1930a). Notwendig ist also ein ständig auszutarierendes Gleichgewicht zwischen Selbstbehauptung und Rücksicht auf die Anderen. Ein freundliches Über-Ich wird diese Regulierung ohne große Schuldgefühle bewirken, es wird, wie wir gesehen haben, eher prophylaktisch mahnen, bestimmte Regeln einzuhalten, und zwar im wohlverstandenen Interesse des Kindes. Und wenn sie einmal übertreten werden, wird das Über-Ich dem Ich freundlich, aber bestimmt von eventuellen Wiederholungen abraten.

Da das Über-Ich selbstverständlich das Resultat der mehr oder weniger kindgerechten, aber natürlich auch aggressiven oder gar gewaltsamen Einwirkungen der Eltern auf das Kind ist, geht das Über-Ich mit dem Ich später auch verschieden freundlich oder aber feindlich um. Feindlich aber bedeutet: übermäßige, unrealistische Schuldgefühle machen, die nicht zum Wohle des Individuums gedacht sind, sondern im Gegenteil seine Lebenstriebe behindern, sein Expansionsbestreben und Kontaktbedürfnis, seine Kreativität, sein Erfolgsstreben, seine Konkurrenz und Selbstbehauptung, sogar das Sexualleben bekämpfen, wenn nicht annähernd zerstören oder auch nicht nur annähernd. Irgendwann begreift man, dass die Psychiatrie das medizinische Fachgebiet ist, in dem überdurchschnittlich viele Patienten sterben, und zwar durch Suizid.

Also ist es nicht die wünschenswerte Vitalität des Kindes selbst, die Verbotenes und Schuldgefühle verursacht, sondern der Gedanke oder die Erfahrung, dass jemand Schaden nehmen könnte, wenn es sie auslebt, dass die mit ihr notwendigerweise verbundene, an sich konstruktive Aggression andere wichtige Personen zerstören könnte. Man denke aber daran, dass sich die Schuldgefühlqualitäten sehr oft überschneiden. Ein in seiner Existenz nicht genügend akzeptiertes Kind wird auch nicht ohne Schuldgefühle aus dem Vollen schöpfen, sich auch nicht trennen können, um ein selbstbewusstes, selbstbestimmtes Leben zu leben. Natürlich sind triebhafte Impulse wie orale Gier, Neid, Rivalität erst einmal sehr egoistisch und müssen mit den Interessen der sozialen Umgebung in Einklang gebracht werden. Man denke an die heftigen Aggressionen, die Geschwister gegeneinander richten: Das jüngere Kind denkt, es wird nicht berücksichtigt, das ältere denkt, das kleine kriegt die ganze Aufmerksamkeit. Die Aufgabe der Eltern wäre hier, Über-Ich-Funktionen für die Kinder zu übernehmen, solange die ein »reifes« Über-Ich noch nicht etabliert haben. Und wie man sich ein freundlich regulierendes Über-Ich wünscht, wünscht man den Eltern, dass sie diese Aufgabe auch so kindgerecht erfüllen, dass keine großen Schuldgefühle daraus resultieren und die Kinder sich unter dem Strich sozusagen verstanden und berücksichtigt fühlen können.

Eine Patientin von Arnold H. Modell hatte die Fantasie,

> »dass Mutterliebe eine Art Substanz sei, von der sie sich das Beste genommen hatte, dadurch die Mutter ausgesaugt und die Geschwister ihrer Geburtsrechte beraubt habe. Sie war überzeugt, dass der Besitz irgendeiner Sache bedeutete, dass jemand anders beraubt worden sei« (1965, S. 326; Übers. d. A.).

Auch in der ödipalen Konstellation geht das von einem Elternteil Haben-Wollen stets mit der Aggression gegen das andere einher. Das »Haben-Wollen« gerät schnell in Konflikt mit dem »Geliebtwerden-Wollen«, und die Aufgabe ist, beide Impulse einigermaßen zusammenzubringen. Die beiden Arbeiten von Modell behandeln Aspekte der Über-Ich-Entwicklung, die eine von 1971 behandelt mehr das Schuldgefühl, jemanden, den man liebt, berauben oder ihn übertreffen zu wollen, während die andere von 1965 eher die Bestrebungen, ein (getrenntes) Leben im eigenen Recht zu führen, und die daraus resultierenden Schuldgefühle thematisiert.

Wie kann man sich vorstellen, dass die an sich legitimen Wünsche der heranwachsenden Kinder sabotiert werden, weil es von den Eltern wie ein Angriff, eben ein Berauben erlebt wird, wenn die Kinder im eigenen Recht jeweils altersentsprechend getrennt leben wollen? Ein Beispiel ist die Sorge einer Mutter, die bewusst das Beste für ihr Kind will, unbewusst aber aggressiv dessen Trennungsbestrebungen quittiert. Denkt aber die Mutter ständig oder immer wieder, ihr Kind sei ernstlich krank, während das Kind aber gesund ist oder eine zu vernachlässigende kleine Störung hat, nenne ich das Hypochondrie-by-proxy-Syndrom (Hirsch, 2010, S. 272ff.). Die Mutter ist besorgt, sie will ein gesundes Kind und denkt nicht daran, dass sie die »Krankheit« selbst (in der Fantasie) »gemacht« hat, denn sie hat unbewusst Schwierigkeiten, Probleme mit der Lebendigkeit des Kindes oder kann es nicht gehen lassen.

> Eine Patientin macht sich extreme Sorgen um die Gesundheit ihrer Kinder. Der älteste Sohn steht kurz vor dem Abitur, die jüngste ist 14 Jahre alt und hat zunehmend ihren eigenen Willen. Wenn ihre Tochter vom Reiten nach Hause kommt und klagt, das Knie tue ihr weh, gerät sie in Panik und denkt: ein Knochensarkom! Hat der Sohn eine Bronchitis, denkt sie sofort: Lungentuberkulose! Gleich veranlasst sie weitreichende Facharztuntersuchungen. Um die Gesundheit ihres Ehemannes und ihrer eigenen ist sie gar nicht besorgt. Für ihre Kinder hat sie immer alles getan, hat sich sozusagen geopfert, hat ihnen alles abgenommen. Sie wollte auf keinen Fall so sein wie ihre Mutter, die sich um die Kinder gar nicht gekümmert hat. Sie fühlt sich zerrissen; einerseits hat sie sich immer an ihre Mutter und deren Wünsche angepasst, andererseits hat sie einen rebellischen Teil in sich, der aber nie nach außen gedrungen ist. Immer hatte sie Schuldgefühle der Mutter gegenüber, die es nicht leicht hatte. Das erste Kind war eine Totgeburt, der Bruder, der folgte, sollte ihn bestimmt ersetzen. Totgeburt – die Patientin weint hier heftig – bedeutet, die Mutter kann keine Mutter sein. Es stellt sich immer mehr heraus, dass sie seit Langem schwere Schuldgefühle in sich trägt, die sie zwingen, sich der Mutter, dem Ehemann, den Kindern anzupassen und eigene Interessen zu unterdrücken. Sie müsse dankbar sein, dass sie besser lebe als die Mutter, dass sie überhaupt lebe, da doch ein Geschwister gestorben sei. Einmal hatte sie einen Traum: Sie ist mit ihrer Mutter zusammen, die Mutter ist eine imposante Erscheinung und hat ein sehr schönes Kleid an. Die Mutter sagt: »Jetzt ist Juni, da feiern wir meinen Geburtstag!« – »Da hab *ich* doch Geburtstag«, sagt die Patientin. –

»Nein, das ist jetzt meiner!«, sagt die Mutter. – Ein anderer Traum: Sie kommt in die Gegend, in der sie aufgewachsen ist, aber das ganze Viertel ist zerstört, es wird gerade abgerissen. Sie kommt in die Wohnung der Eltern, die schon halb zerstört ist. Da ist die Mutter und sagt: »Du kannst nicht in die Schule, du musst mich pflegen.« Die Mutter ist krank. – Die Bedeutung ist ganz offensichtlich: Die Mutter beansprucht ihr Leben, nimmt ihr sozusagen den Geburts-Tag weg, sie muss für die Mutter da sein, sie pflegen.

Aber ihre hypochondrischen Fantasien, die ja immer mit einer schweren, oft todbringenden Erkrankung enden, also eigentlich Todeswünsche sind, richtet sie gegen ihre Kinder. Sie habe für ihre Kinder alles getan, ihre Interessen und auch die Karriere zurückgestellt, und sie habe es gern getan. Und doch gingen die Kinder weg, würden sich schon selbstständig machen!

Die Adoleszenz ist die Lebensphase der Lösung des Jugendlichen von den Eltern und seiner Entwicklung hin zu einer eigenen Identität. In einem gewissen Sinn töten die Jugendlichen die Eltern (Loewald, 1986 [1979]), denn wenn sie aus dem Haus gehen und erwachsen werden, gibt es keine Eltern mehr, jedenfalls keine von kleinen Kindern, es ist wie ein Mord an den Eltern. Auch ein Kind hört auf zu existieren, stirbt also durch das Erwachsenwerden, und der Jugendliche hat die Aufgabe, es dadurch zu ersetzen, dass er eine Erwachsenen-Identität entwickelt.

Als der Sohn der Patientin für ein Jahr als Austauschschüler ins Ausland geht, weint und weint sie – ich sage: »Als ob jemand gestorben wäre … die Mutter? Der Sohn?« Eine vollständige Familie zu haben und alles für den Zusammenhalt zu tun, bedeutet für sie, eine Familie zu bekommen, die so früher nicht da war. Das nehmen ihr die Kinder nun, wenn sie in ihr Leben gehen und sie verlassen – »Das sollen sie ja auch!« –, aber wenn sie entsprechend ihren hypochondrischen Fantasien krank wären, dann könnte die Mutter sie pflegen und sie würden bleiben, und die Mutter könnte weiter Mutter sein. Die Schuldgefühle der Patientin, besser leben zu wollen als die eigene Mutter, ließen sie ihre eigenen Bedürfnisse zugunsten der Wünsche der Familie und der Kinder zurückstellen. (Eine bessere Mutter sein zu wollen als die eigene macht wohl auch Schuldgefühle.) Sie will zwar eine bessere Mutter sein, identifiziert sich aber unbewusst so mit der Mutter von damals, dass sie ihren Kindern gegenüber dasselbe Verhalten wiederholt: Die Kinder dürfen nicht ihren eigenen Weg gehen, und wenn sie es wollen, müssen sie Schuldgefühle entwickeln.

Natürlich gibt es den Ödipuskomplex noch

Ich möchte Erik H. Eriksons Formulierung für den Zusammenhang zwischen ödipalen Bestrebungen und Schuldgefühl zustimmen:

> »Die ödipalen Wünsche […] führen zu vagen Phantasien, die an Mord und Vergewaltigung rühren. Die Konsequenz ist ein tiefes Schuldgefühl, ein merkwürdiges Gefühl, insofern es für immer anzudeuten scheint, dass das Individuum ein Verbrechen begangen habe – was ja schließlich tatsächlich nie geschehen ist und auch biologisch ganz ausgeschlossen war« (Erikson, 1968 [1950], S. 84f.).

Die ödipalen Wünsche sind triebbedingt, das Kind hat die Verantwortung und muss Schuldgefühle entwickeln. Wenn heute aber die Einflüsse der familiären Umgebung eine so große Bedeutung für die Genese psychischer Störungen bekommen haben, muss man sich fragen, wie die Eltern mit den ödipalen Wünschen des Kindes umgegangen sind, spielerisch, kindgerecht oder aggressiv abwehrend, sei es aus eigenen Inzestängsten oder allgemeiner Aversion gegen die kindliche Vitalität. So werden »ödipale« Schuldgefühle sekundär erzeugt.

Sexualität bedeutet Vitalität

Die Frage, warum sexuelles Begehren und sexuelle Befriedigung Schuldgefühle, auch Scham und Angst erzeugen können, ist nicht so leicht zu beantworten. Sexualität enthält vielleicht immer ein

Schuldpotenzial, schließlich handelt der jüdische Schöpfungsmythos vom »Sündenfall«, er ist mit dem Wissen von Sein und Tod, mit Arbeit und Sexualität und mit Scham und Schuld verbunden, auch mit Trennung, nämlich der Vertreibung aus dem Paradies. Schuldgefühle entstehen wohl im Zusammenhang mit Sexualität, weil sie immer Aggression enthält; Sexualität bedeutet aber auch Trennung, da sie wegen des Inzestverbots den Jugendlichen und die Jugendliche zwingt, sich an außerfamiliäre Objekte zu wenden. Auch birgt Sexualität wohl immer ein gewisses Maß an Aggressivität dem Anderen gegenüber, an Haben-Wollen, Besitzen-Wollen, Macht-ausüben-Wollen, sodass auch hier eine Wurzel des Schuldgefühls liegen dürfte.

Otto Rank hat vier Jahre vor Sigmund Freuds *Das Unbehagen in der Kultur* (1930a) ein Buch veröffentlicht: *Sexualität und Schuldgefühl* (1926). Der Kerngedanke des Autors leitet sich vom Konflikt zwischen Trieb und Umwelt ab, allerdings nicht nur zwischen sexuellem Trieb und den Forderungen der sozialen Umgebung, den Trieb zu regulieren, sondern auch vom Konflikt zwischen narzisstischen Bestrebungen und den Anpassungsforderungen der Umwelt.

> »Der Knotenpunkt […] waren die egoistischen und narzißtischen *Ichstrebungen* des Individuums, das offenbar gerade an den Punkten der biologisch vorgebildeten Sexualentwicklung mit den überindividuellen Tendenzen der Gattung in Konflikt gerät, bei deren notwendigen Lösung das Individuum in jedem Falle den Kürzeren zieht« (Rank, 1926, S. 6; Hervorh. i. O.).

Denn das Individuum fühlt sich schuldig, wenn es sich an die geforderte Art der Sexualbetätigung und der Partnerwahl nicht anpassen kann oder will, was »nur mit teilweisem Verzicht auf die mannigfachsten individuellen Lustquellen erreichbar ist« (ebd.), und es fühlt sich ebenso schuldig, wenn es rebelliert mit »Versuchen, die durch die Gattung und ihren sozialen Vertreter, die Gesellschaft, gesetzten Schranken zu durchbrechen« (ebd.), was in Neurosen, Perversionen oder Verbrechen münden würde.

Es fällt ins Auge, dass Freud in seinem Aufsatz *Das Unbehagen in der Kultur* (1930a) auf diese Gedanken des Gegensatzes zwischen Trieb und Kultur zurückgreift, wenn er Rank auch nicht erwähnt. Mit »Kultur« ist wohl die Gesamtorganisation sozialen Zusammenlebens gemeint, die im Vergleich mit den (Trieb-)Bedürfnissen des Einzelnen einen übergeordneten Wert darstellt. Die Triebe einschränkenden Regeln ermöglichen immer größere Ansammlungen von Menschen, sodass das Leben sicherer wird (von Kriegen abgesehen, die, wie ich denke, doch auch zur »Kultur« des Menschen gehören; vgl. Hirsch, [2006a]). Wie das Inzestverbot, das die Zerstörung familiären und gesellschaftlichen Zusammenlebens verhindern und die wirtschaftliche Expansion sozialer Einheiten fördern soll, würde das Schuldgefühl das Ausleben libidinöser (und aggressiver) Bestrebungen einschränken. Auf einen weiteren Konflikt weist Rank am Beispiel der Masturbation hin: Diese sei ein kaum gelingender, Schuldgefühl erzeugender Kompromiss zwischen dem Wunsch nach maximaler Befriedigung und der Forderung der »Gattung«, Nachkommen zu zeugen, aber auch eine Rebellion gegen allzu starke Triebeinschränkung. Das Schuldgefühl wirke nach zwei Seiten, »indem es ein Übermaß an narzißtischer Libidobefriedigung durch Hinweis auf die Ansprüche der Gattung herabdrückt, andererseits überstarke Gattungsansprüche nicht zuläßt, wenn sie individuelle Lustquellen hemmen« (Rank, 1926, S. 100).

Bei aller Kritik Ranks und auch Freuds an der repressiven Macht der »Kultur« ist es ja notwendig, aggressive und sexuelle, auch narzisstische und egoistische Kräfte zu bändigen. Man täte dem Kind keinen Gefallen, ließe man es sich ohne jede Anweisung und Grenzsetzung sozusagen ins Leere hinein entwickeln (vgl. die Notwendigkeit der Entwicklung eines freundlichen Über-Ich), und die Erfordernisse des Alltags, des Broterwerbs und der Pflege sozialer Beziehungen lassen ein sexuelles Ausleben nur für sehr begrenzte Zeit zu.

Erfolg bedeutet Übertreffen

Erfolg ist natürlich erst einmal wünschenswert, ein vitales Erfolgsstreben kann aber schuldhaft erlebt werden, wenn Konkurrenz und Rivalität bedeuten, dass ein Anderer zurückgesetzt oder behindert werden könnte. Wenn aber Erfolg bedeutet, jemanden zu übertreffen, als ob man ihn durch den Erfolg behinderte oder ihm etwas wegnähme, werden Schuldgefühle, auch unbewusste, entstehen, die sich in einem »Scheitern am Erfolg« (S. Freud, 1916d, S. 370), in Arbeitsstörungen und Prüfungsangst manifestieren. Freud zieht die Verbindung zum Schuldgefühl: »Die analytische Arbeit zeigt uns leicht, daß es *Gewissensmächte* sind, welche der Person verbieten, aus der glücklichen realen Veränderung den lang erhofften Gewinn zu ziehen« (ebd., S. 372; Hervorh. i. O.). *Jeder* Hypochonder sagt einmal den Satz: »Gerade jetzt, wo alles erreicht ist, habe ich Krebs« (Hirsch, 1998a [1989]). Oft genug folgt nach einer bestandenen Prüfung eine Depression, und je besser man sie bestanden hat, desto tiefer ist das Loch, in das man fällt. Erfolg, zum Beispiel eine bestandene Prüfung, bedeutet immer auch Trennung, Trennung vom Zustand vor der Prüfung, von der alten Identität, die man gegen eine neue eintauscht. Und es ist, als ob man jemandem Schaden zufügt, wenn man ihn verlässt: Trennungsschuldgefühl. Beide Bereiche überschneiden sich, und eine saubere Trennung von Vitalitäts- und Trennungsbestrebungen wäre künstlich; um ein Leben im eigenen Recht zu führen, muss man sich eben auch getrennt haben. Arbeitsstörung, die einen Erfolg verhindert, hat eher mit dem Schuldgefühl aus Vitalität zu tun, Prüfungsangst eher mit Trennung (Prüfung als Initiation und Schwellenüberschreitung) und dem mit ihr verbundenen Schuldgefühl. Immer ist der Kontext der Beziehungen zu beachten, einmal der Ursprung des feindlichen, Erfolg verhindernden Über-Ich in den frühen wichtigen Beziehungen, dann aber auch immer das in Beziehungen entstehende Schuldgefühl. Günter Hole spricht von »sozialen Schuldgefühlen« (1989, S. 82) und zitiert Paul Tournier:

> »Jedes Vorrecht, selbst ein verdientes, ist mit einem gewissen Schuldgefühl verknüpft. Ein wertvoller Angestellter, dem sein Chef, weil er ihn schätzt, eine höhere Verantwortung anvertraut, wird dieses Schuldgefühl seinen Kameraden gegenüber empfinden. Ein junges Mädchen, welches gebeten wird, an Weihnachten in der Kirche zu singen, empfindet es gegenüber einer Freundin, die selbst gerne an seiner Stelle singen würde. Jedes Verlangen und jeder Neid der andern erweckt in uns ein schlechtes Gewissen. […] Ich empfinde

ein Unbehagen, gesund zu sein, während es so viele Kranke gibt, glücklich zu sein, während so viele unglücklich sind, Geld zu besitzen, während so viele andere keines haben, einen interessanten Beruf zu haben, während so viele andere unter der Last einer verhaßten Arbeit seufzen« (Tournier, 1959, S. 55f.).

Nun ist es aber so, dass hier eher pathologische, wenigstens unrealistisch übertriebene Schuldgefühle beschrieben werden, wie auch Hole bemerkt. Denn gesund ist es doch, sich seines Erfolgs zu freuen, stolz zu sein auf seine Leistungen, sogar erleichtert und dankbar (wem?) zu sein, wenn man gesund ist.

Wenn man Schuldgefühl nicht mehr nur als sozusagen von innen her (Trieb) determiniert versteht, wird man die äußeren Einflüsse nicht übersehen können: Es gibt eben filizide Tendenzen in den Menschen, Impulse, die eigenen Kinder zu töten, letztlich aus Neid auf das neue Leben und aus Angst, von den vitalen Nachkommen überrundet, vielleicht ausgelöscht zu werden. Der Vater der »Urhorde« (S. Freud, 1912–13), der alle Frauen des Clans für sich beanspruchte, hat seine Söhne am »Erfolg« massiv behindert, bis es ihnen zu viel wurde und sie ihn töteten; Kronos fraß seine Kinder. In Familienunternehmen kommt es häufig vor, dass der Patriarch keinen Nachfolger zulässt oder zwar seinen Sohn als solchen einsetzt, ihn aber keine eigenen Entscheidungen treffen lässt und ihn behindert, wo er kann. Auch subtile Einflüsse auf die Entwicklung eines später Schuldgefühlbeladenen lassen sich vorstellen, wenn diese Einflüsse etwa das Streben nach Erfolg mit verbotenen Impulsen wie orale Gier, Aggression, Rivalität verbinden. Es kommt auf die *Bedeutung* des Erfolgs an, der Schuldgefühle macht, das kann der (unbewusste) Gedanke sein, man schädige jemanden durch den Erfolg, als ob man ihm etwas wegnähme, so als gäbe es nur einen bestimmten Betrag an Erfolg, den man nicht egoistisch für sich in Anspruch nehmen dürfe. Deshalb betreffen Arbeitsstörungen besonders die kreative Arbeit, die man aus sich heraus und ganz für sich tut, mit denen man sich sozusagen öffentlich zu erkennen gibt (vgl. das Schicksal van Goghs, der nicht zulassen konnte, dass sein Werk einer größeren Öffentlichkeit zugänglich werden sollte). Andere Arbeiten, Routinearbeit, die man für jemanden erledigen soll, in dessen Verantwortung (z. B. eines Chefs, einer Firma, einer Behörde), lassen sich leichter vollenden – es ist nichts Eigenes, man tut eben seinen Job. Die Dynamik von Arbeitsstörung und Prüfungsangst wurde von Arnold Modell (1971) zuerst als Überlebenden-Schuld(gefühl) (»survivor guilt«) verstanden – als ob das Übertreffen des geliebten Objekts, also Erfolg, einem Überleben auf Kosten eines anderen gleichkäme, als ob ein Erfolg in der Fantasie die Tötung des Vaters bedeutete. Das passt nun wiederum zu den Vorstellungen der frühen Psychoanalyse: Der ödipale Triumph wird durch das Schuldgefühl im Keime erstickt: »Die Prüfungsangst ist Kastrationsangst«, schreibt zum Beispiel Isidor Sadger (1920, S. 150).

> »Der Triumph über die Eltern in solchen Phantasien lähmt wegen der Schuldgefühle, die sich daraus ergeben, oft Anstrengungen aller Art. Manche Menschen sind gezwungen, erfolglos zu bleiben, weil Erfolg für sie immer die Erniedrigung oder gar den Schaden an einer anderen Person, besonders den Triumph über die Eltern und Geschwister, bedeutet« (Klein, 1983 [1940], S. 105).

Unterdrückte Geschwisterrivalität

Geschwisterrivalität ist alltäglich, und meist ist sie gar nicht mit Schuldgefühlen verbunden. Wenn aber ein Geschwister etwa durch Krankheit oder Behinderung dem anderen unterlegen ist, entwickelt das überlegene, gesunde Geschwister Schuldgefühle, *als ob* es durch sein durchschnittliches Aktiv-und-lebendig-sein-Wollen dem anderen etwas wegnähme (hier passt wieder das Bild der kommunizierenden Röhren: Was ich haben will, nehme ich dem Anderen weg). Das Schuldgefühl, einen Schwächeren übervorteilen zu wollen, wird potenziert durch die unbewusste Fantasie, die Krankheit oder Behinderung des Geschwisters *verursacht* zu haben, wenn Wunsch und Ursache gleichgesetzt werden. Überlebt man als Kind tatsächlich ein verstorbenes Geschwister, zu dem schon eine Beziehung bestanden hat, wird man Schuldgefühle entwickeln, überlebt zu haben, und zwar umso mehr, je weniger der Überlebende in der Lage war, genügend zu trauern, was wieder davon abhängt, ob die familiäre Umgebung, die Erwachsenen also, trauern und damit dem Kind sozusagen die Erlaubnis geben konnte, seinerseits zu trauern.

Nicht nur verinnerlichte strafende Eltern (»Kastrationskomplex«) also verhindern Erfolg, auch die verpönte Konkurrenz mit Geschwistern kann das im Sinne der Überlebendenschuld bewirken. Letztlich ist das eine Wurzel der Ersatzkinddynamik: Niemand sein zu dürfen, keinen Erfolg haben zu dürfen, als ob man das tote Geschwister damit phantasmatisch überhaupt erst töten würde. Andererseits würde ein Erfolg eine Weigerung bedeuten, den Auftrag der Eltern, das Geschwister zu ersetzen, anzunehmen; das wäre eine Rebellion, eine Trennung von diesem Auftrag und von den Eltern.

> Eine Patientin hatte eine um ein Jahr ältere Schwester, die aber aufgrund einer frühen Erkrankung als unbegabt, wenn nicht sogar als geistig behindert galt. Die Eltern waren besorgt um die Schwester und legten der Patientin über all die Schuljahre nahe, sich um die Leistungen der Schwester zu kümmern und ihr zu helfen. Die Schwester musste ein Schuljahr wiederholen, die Eltern bestanden darauf, dass sie in die Klasse der Patientin kam, damit sie ihr besser helfen könne. Die spätere Patientin erfüllte diesen Auftrag scheinbar ohne Murren, ließ aber ihrerseits mit den vorher exzellenten Leistungen nach und entschied sich später, Krankenschwester zu werden, obwohl die ganze Familie überzeugt gewesen war, dass sie Medizin studieren würde. Ihre spätere Symptomatik bestand in einem bulimischen Verhalten, das in diesem Fall so verstanden wurde: Den Auftrag der Eltern symbolisch annehmen (Fressanfall), ihn aber wieder ablehnen (Erbrechen). Die Patientin fiel an der Arbeitsstelle durch Höchstleistungen auf, war aber ständig krank oder versagte dann wieder durch Fehlleistungen. Aus denselben Gründen sagte sie über Monate häufig ihre Therapiesitzungen ab, auch kam es vor, dass sie einen Unfall *verschuldete*, um nicht zur Arbeit antreten zu müssen – so entstand Schuld aus Schuldgefühl. Die Dynamik der Arbeitsstörungen und auch der Essstörung der Patientin war bestimmt von einem Schuldgefühl, die Schwester

übertroffen zu haben; ein Erfolg war nicht möglich, weil er die Schwester phantasmatisch »töten« oder wenigstens krank machen würde. Eher schon ließ sich die Schuldgefühle machende Mutter durch die Bulimie »erschaffen« (im Fressanfall) und »töten« (durch das Erbrechen; vgl. Hirsch 1998b [1989]). Einfach ein durchschnittlich lebendiges Kind sein zu wollen hat durch die frühe Krankheit der Schwester einen Charakter von so übermächtiger Rivalität bekommen, dass die Schuldgefühle nur dadurch zu kompensieren waren, dass die Patientin dem Wunsch der Eltern folgte und sich opferte.

Die Kindheit einer anderen Patientin war überschattet von der Krebserkrankung ihres etwas älteren Bruders, der starb, als sie 13 Jahre alt war. Ihre Leistungen in der Schule brachen zusammen, sie verlor ihre Lebensfreude. Da man von ihrem Schicksal wusste und die Familie in der Kleinstadt recht bekannt war, kam sie durch das Abitur, wusste aber nicht, was sie dann tun sollte. Jemand riet ihr, Betriebswirtschaft zu studieren, da könne sie nichts falsch machen. Das tat sie auch und schloss das Studium ab, war aber nicht in der Lage, an irgendeiner Stelle zu arbeiten, nicht in ihrem Beruf, auch in keinem anderen Job. Obwohl in der Therapie das Schuldgefühl, den Bruder überlebt zu haben, und das Gefühl, kein Recht auf ein gutes Leben zu haben, sehr bald völlig klar wurden, besserte sich die Symptomatik nicht, als wäre die Patientin wie durch ein Gelübde gebunden, dem Bruder treu zu bleiben und ihn nicht zu verlassen.

Von Leon Wurmser (1987, 1990) haben wir gelernt, dass das Über-Ich nicht einheitlich sein muss, dass verschiedene Über-Ich-Anteile existieren können, die sich auch diametral widersprechen können. Derartige Anteile lassen sich auf einen Ambivalenzkonflikt der Eltern zurückführen, die einerseits (bewusst) wollen, dass »aus dem Kind etwas wird«, andererseits aus Gründen der eigenen Unzufriedenheit, des mangelnden Identitätsgefühls, des Neides zu verhindern suchen, dass das Kind einen eigenen, erfolgreichen Weg geht. Solche Anteile sind entweder gespalten in einem Elternteil enthalten oder die gegensätzlichen Forderungen werden auf zwei Eltern verteilt. Dementsprechend kann Erfolg bedeuten, dem einen Über-Ich-Anteil zu folgen, aber den anderen zu verraten, der verstärkt Gegenkräfte mobilisieren wird. Viele Patienten bevorzugen für diese negative Kraft den Ausdruck »innerer Saboteur«, der von William R. D. Fairbairn (1952) geprägt wurde. Leon Wurmser spricht vom »inneren Richter« (1987, S. 13), eine Patientin in meiner Praxis vom »inneren Volksgerichtshof«. Da nicht alle Menschen so genial und kreativ sein können wie Vincent van Gogh, wenn er auch einen Erfolg letztlich sabotieren musste, müssen Wege gefunden werden, um einen solchen Über-Ich-Konflikt zu umgehen oder scheinbar zu lösen.

> Ein junger Arzt, der Sohn eines autoritären Medizinprofessors, unter dem er in der Kindheit furchtbar gelitten hatte, fertigte eine Dissertation an, warf das Manuskript dem Vater auf den Schreibtisch und sagte: »Ich wäre schon in der Lage, so zu sein wie du, aber ich werde die Arbeit nicht einreichen, weil ich dir nie folgen werde!« Er kaufte sich einen Geländewagen und wurde Landarzt im Allgäu. – Eine alleinerziehende Mutter sagte zu ihrem zehnjährigen Sohn: »Du bist manuell so geschickt; Wenn du groß bist, wirst du Architekt und baust uns (!) ein Haus.« Der Junge studierte später zwar brillant Architektur, machte dann aber zum Erstaunen aller ein nur mittelmäßiges Examen. Er baute in seinem Leben nie ein Haus, arbeitete nie in seinem Beruf, sondern lebte vielmehr als ewiger studentischer Rebell bis zu seinem Tod in einem besetzten Mietshaus … (Hirsch, 2006c, S. 77).

Die Spaltung in gegensätzliche Über-Ich-Anteile zeigt sich auch in dem Phänomen, das man heute Prokrastination nennt: Der eine Teil will arbeiten, der andere findet vielfältige Möglichkeiten, den Beginn der Arbeit hinauszuschieben: Bevor man anfängt, muss schnell noch der Schreibtisch aufgeräumt, vielleicht die Küche geputzt werden, man muss unbedingt schnell eine Kanne Tee kochen, die Nachrichten im Fernsehen darf man auch nicht versäumen und dafür, dass im Anschluss ein interessanter Film kommt, den man schon immer sehen wollte, kann man ja nun wirklich nichts …

Die Eltern sind ständig krank

Mit »Terrorismus des Leidens« hat Sándor Ferenczi (1964 [1933]) die Wirkung beschrieben, die ein chronisch kranker oder hypochondrischer, vielleicht suizidaler Elternteil auf ein Kind ausüben kann. Streng unterbindet die Mutter die durchschnittliche Vitalität des Kindes, wenn der Vater mit Herzschmerzen leidend auf dem Sofa liegt. Das Kind muss denken, es sei schuld daran, auch wenn es nur den Wunsch hat, lärmend durch die Wohnung zu toben. Mit offener Wut kann das Kind nicht reagieren, es würde den Vater noch kränker machen, ihn womöglich töten. Beides macht Schuldgefühle: Die an sich legitime Lebendigkeit und die unterdrückte Wut. Entweder führt die notgedrungene Anpassung zur Identifikation: Das Kind wird selbst chronisch krank oder wird, aus Schuldgefühl, zur »lebenslänglichen Pflegerin« (Ferenczi, 1964 [1933], S. 523) und tut alles, um seinerseits »pflegeleicht« zu sein.

Eine solche Schuldgefühl machende Dynamik zwischen Eltern und Kind findet sich in der Mythologie (vgl. Hirsch, 2017 [1997], S. 191ff.): Die Pelikan-Mutter zerhackt sich die Brust, um mit ihrem Blut ihre toten Kinder zum Leben zu erwecken. Die Kinder müssen nun dankbar sein für das Opfer der Mutter. Die christliche Verwendung der antiken Geschichte – das Blut Christi, der sich für die Menschen opfert – lässt aber etwas Entscheidendes weg, denn die ganze Geschichte hat einen ersten Teil (wie der Ödipus-Mythos, der auch mit den Verbrechen der Eltern an ihrem Kind beginnt!): Die Pelikan-Eltern sind von der Gier der Kinder überfordert, sie füttern sie deshalb nicht mehr, und erst als die Kinder verhungert sind, reut es die Mutter und sie ergreift die Maßnahmen, die sozusagen den Kindern die Schuld (Schuldgefühle) geben. Die Kinder müssen denken: »Die Mutter leidet für uns, sie ernährt uns mit ihrem eigenen Blut, sie schenkt uns das Leben, indem sie ihr eigenes opfert …«

Entsprechend dem ganzen Pelikan-Mythos findet man in Psychotherapien oft Überforderung, Kränkung, auch Angst und Wut *der Eltern* angesichts der ihnen unmäßig erscheinenden Ansprüche des Kindes. Von Melanie Klein wird berichtet (Göppel, 1990), dass sie die Fantasien des Säuglings von den archaischen Angriffen auf die Brust der Mutter und das Ausleeren des mütterlichen

Körpers so detailliert schildern konnte, weil es ihre *eigenen* Gefühle und Ängste nach der Geburt ihrer Kinder waren, die sie auf die Säuglinge projiziert hatte!

Überlebenden-Schuldgefühl

Unter welchen Bedingungen kann denn der bloße Wunsch zu leben (Lebenstrieb) oder, im Falle großer Bedrohung, zu überleben, Schuldgefühle machen? In der Entwicklung der Psychoanalyse gibt es einen Wendepunkt: Die Verlagerung des Schwerpunkts vom Individuum mit seinem Triebkonflikt (Triebpsychologie) und seinen Ich-Leistungen (Ich-Psychologie) hin zu den Einwirkungen auf das Ich oder Selbst durch äußere Objekte, also Beziehungspersonen, auf die der Mensch oft lebensnotwendig angewiesen ist. Diese Einwirkungen sind wünschenswerterweise positiv, fördern Entwicklung und Autonomie. Sie sind aber in der Kindheit durch die familiäre Umgebung oft genug destruktiv und negativ, bis man nicht anders kann als sie traumatisierend zu nennen. Auch später noch entstehen in einer traumatischen Situation regressive Abhängigkeitsgefühle des Opfers vom Täter, die denen des Kleinkinds von den Eltern in nichts nachstehen (Eissler, 1968). Es mussten ein bis zwei Generationen nach dem Holocaust vergehen, bis die unmittelbaren und die transgenerational vermittelten Opfer sich in Psychoanalysen der ungeheuren Dimensionen der Verfolgung annähern und dementsprechend auch gehört werden konnten. Es war so nicht mehr möglich, von den äußeren Einwirkungen abzusehen, das Trauma war in keiner Weise mehr akzidentell (S. Freud, 1916–17, S. 376) Auch in der psychoanalytischen Behandlung posttraumatischer Störungen der Veteranen des Vietnamkrieges kam man nicht mehr umhin, das Trauma verantwortlich zu machen für die schweren Beeinträchtigungen; Prämorbidität, Konstitution und Triebausstattung spielten nur mehr eine sekundäre Rolle, wenn überhaupt.

So war in den 1960er Jahren die Zeit gekommen, das paradox erscheinende Phänomen der Überlebensschuld (beziehungsweise besser des Überlebenden-Schuldgefühls; vgl. Hirsch, 2017 [1997], S. 177) zu untersuchen. Wenn auch der Begriff (englisch *survivor guilt*) für alle Bestrebungen, besser zu leben als andere, verwendet worden ist (zum Beispiel von Modell [1971]), so sah William G. Niederland (1961, 1966, 1981) das Überlebenden-Schuldgefühl als Grundlage für das Überlebenden-Syndrom an, eine Krankheitseinheit, die man heute als Teil einer posttraumatischen Belastungsstörung verstehen kann. Der KZ-Terror an sich erzeugt ein massives (traumatisches) Schuldgefühl – alle Opfer jeder Gewaltform entwickeln Schuldgefühle –, das aber potenziert wird durch ein Schuldgefühl, so viele Schicksalsgenossen überlebt zu haben, *als ob* man etwas getan hätte, das zu deren Tod beigetragen hätte, als hätte man sich auf ihre Kosten einen Vorteil verschafft und so ihren Tod *verursacht*. Niederland stellt fest,

> »dass die Gedanken- und die Gefühlswelt zahlreicher Verfolgter seit der Befreiung schuldbesetzt geblieben ist, da die Tatsache des Überlebens bei gleichzeitig totalem oder nahezu totalem Familienverlust vielfach genügt, den Schatten unauslöschlicher persönlicher Schuld auf alle weitere Existenz des Überlebenden zu werfen – worin vielleicht die bitterste Ironie des verfolgten Schicksals und dessen ganze Tragik enthalten ist, dass nämlich nicht die Täter, sondern *die O p f e r der unmenschlichen Verbrechen sich fortan schuldig und gebrandmarkt fühlen*« (1966, S. 468; Hervorh. i. O.).

> »Die damals 24-jährige Frau wurde dann zusammen mit ihrem jüngeren Bruder, 15 Jahre alt, an dem sie nach dem Verfolgungstod der Eltern im Ghetto die Mutterstelle zu vertreten übernommen hatte, in das genannte Lager eingeliefert, wo sie in der Schneiderwerkstatt arbeitete und sich dadurch am Leben erhalten konnte. Der halbwüchsige Bruder wurde bald zusehends elender und erkrankte mit mäßigem Fieber. Sie fühlte sich für ihn verantwortlich und bestand darauf, dass er am Morgen das Krankenrevier des KZ aufsuchen sollte. Dort wurde er scheinbar prompt als arbeitsuntauglich befunden und […] noch am gleichen Tage getötet und die Leiche später *verbrannt*. […] Heute klagt sie sich an, dass *sie* dessen Tod verschuldet habe; *sie* habe ihn ins Krankenrevier geschickt, *sie* hätte wissen sollen,

> dass er von dort nicht wieder lebend zurückkommen würde. So schreit sie während der psychiatrischen Exploration: ›Es ist meine Schuld, ich tötete ihn, er war so jung, erst 15 Jahre alt …‹ Gewöhnlich aber brütet sie nur stumm vor sich hin, sitzt stundenlang regungslos am Fenster oder am Küchenherd und *verbrennt sich unbemerkt an der Heizung bzw. am Herd die Hände, Arme und Füße*« (ebd., S. 469; Hervorh. i. O.).

Im Alter von 15 Jahren wurde Elie Wiesel zusammen mit seinem Vater in Auschwitz gefangen gehalten. Der Vater war schwer erkrankt, und es gab keine Hoffnung mehr: »›Zu spät, deinen alten Vater zu retten‹, sagte ich mir. ›Stattdessen könntest du zwei Rationen Brot, zwei Teller Suppe haben …‹ Ich dachte es nur den Bruchteil einer Sekunde, und doch fühlte ich mich schuldig« (Wiesel, 1992 [1960], S. 148).

Man kann im Überlebenden-Schuldgefühl auch einen positiven Aspekt entdecken. Angesichts einer überwältigenden, Tod bringenden Gewalt, deren Sinn nicht zu erfassen ist und der das Opfer absolut ohnmächtig ausgeliefert ist, enthält das Schuldgefühl die Fantasie, etwas getan, etwas bewirkt zu haben. Auch wenn es etwas Negatives war, das schuldig gemacht hat, war das Opfer wenigstens überhaupt in der Lage, etwas bewirken zu können.

> »Unrealistische Schuldgefühle, die fast allen Überlebenden der Verfolgung gemeinsam sind, haben nicht nur einen regressiven pathologischen Charakter, sondern können auch etwas Positives beinhalten. Gegen die vernichtende Erkenntnis des völligen Fehlens von Gerechtigkeit und moralischer Ordnung sowie gegen das Gefühl äußerster Hilflosigkeit können Schuldgefühle eine Bejahung der Fähigkeit des Menschen bedeuten, Einfluss auf sein eigenes Leben und auf den Lauf der Ereignisse auszuüben. Wer an seine eigene Schuld und Verantwortlichkeit glaubt, bejaht seine aktive Teilnahme am Leben, erfüllt es mit einem Zweck und weist so die geistige Vernichtung ab« (Györi, 1969, S. 529).

Man kann für den Fall der Extremtraumatisierung somit sagen, dass die Schuldgefühlentwicklung dazu dient, dem Unbegreiflichen und Unvorhersagbaren einen Sinn zu geben, denn wenn jemand überzeugt ist, schuldhaft gehandelt zu haben, hätte es vielleicht auch in seiner Macht gestanden, Schuld zu *vermeiden* und sich anders zu verhalten, etwas zu bewirken oder zu verhindern.

Die primäre Identifikation mit dem Aggressor, ein in ihm Aufgehen, sodass die Grenzen zu ihm geschwächt sind, ist auch für die tiefe Scham verantwortlich, eine Überlebensscham, von der Niederland (1981, S. 420) spricht. Anna Ornstein bezieht das Schuldgefühl der Überlebenden eher auf »die Schwierigkeit der Überlebenden, ihr Verhalten und ihre moralische Führung während des Holocaust mit ihrem Verhalten unter zivilisierten Umständen zu vereinbaren« (1986, S. 185; Übers. d. A.), und weniger darauf, die Toten überlebt zu haben. So gesehen handelt es sich eher um Scham, ein Gefühl, das aus der Diskrepanz zwischen den Forderungen eines Ideal-Ichs und dem tatsächlichen *Sein* entsteht, während Schuldgefühl aus der Spannung zwischen Über-Ich und dem, was das Ich *getan* hat, resultiert. Wiesel sagt: »So ist die Welt: Die Scham plagt nicht die Henker, sondern die Opfer« (1992 [1960], S. 303). Primo Levi (1990 [1986]) sah die Scham des Überlebenden darin, ein Mensch zu sein und als solcher zu den Menschen zu gehören, die zu derart unsagbaren Gräueln fähig sind.

Trennung bedeutet Schuld

Eine erste Formulierung eines Schuldgefühls aufgrund von Autonomiebestrebung jenseits des Ödipuskomplexes gelang Arnold H. Modell (1965), der es als Ausdruck eines Versagens der Selbst-Objekt-Differenzierung verstand, das heißt, dass eines von zwei Individuen durch Introjektion und primärer Identifikation grenzenlos die Wünsche und Bedürfnisse des anderen übernimmt. Aber natürlich kannte man schon vorher die Schwierigkeit, das Elternhaus zu verlassen, oder umgekehrt, die adoleszenten Kinder gehen zu lassen.

> »Aljoscha muß nicht nur lernen, seine Mutter zu verlassen, sondern, mehr als das, sie ohne einen Bodensatz von Schuld-

> gefühl zu verlassen, das eine wandernde Seele reuevoll an Muttersymbolen haften lässt: Als habe der Scheidende, als er sich losriß, die Mutter zerstört« (Erikson, 1968 [1950], S. 361).

Es ist anzunehmen, dass die Patienten zu Freuds Zeiten weitgehend mit inneren Konflikten bezüglich ihrer Sexualität (auch Aggression) und den moralischen Forderungen der Gesellschaft zu tun hatten. Unsere heutigen Patienten, die man kaum noch als neurotisch bezeichnet, haben in der Regel Schwierigkeiten, sich aus Abhängigkeiten zu lösen, zum Beispiel aus destruktiven Partnerbeziehungen und anderen Verstrickungen wie Suchtmittelabhängigkeiten. Letztlich kann man als Kernproblem auch erwachsener Patienten einen Autonomie-Abhängigkeits-Konflikt erkennen, der eigentlich in die Adoleszenz gehört, dort aber nicht genügend gelöst werden konnte. Die Ablösung vom Elternhaus ist nur partiell gelungen, und dementsprechend haben viele Patienten ein mangelndes Gefühl einer Identität im eigenen Recht, sind auf die Akzeptanz von Eltern oder deren Nachfolgern angewiesen und passen sich übertrieben an deren Vorstellungen, wie man leben soll, an.

Wieder hängen Unabhängigkeit und Identitätsgefühl eines Kindes, Jugendlichen und auch Erwachsenen davon ab, wie sein letztlich biologisch angelegtes Expansionsbestreben, sein Neugierverhalten, also Wissen-Wollen, und Kontaktbedürfnis von der sozialen Umgebung (um nicht immer »Mutter« zu sagen) gefördert oder aber behindert wurden. Wenn sich in der Entwicklung des Kindes diese Autonomiebestrebungen nicht genügend entfalten können, werden Schuldgefühle schon wegen der entsprechenden Wünsche entstehen.

Bei Müttern psychosomatisch kranker Kinder (Asthma, Colitis ulcerosa, Allergien etc.) findet man schon seit Langem folgendes Verhalten: Die Mütter unterbinden die Unabhängigkeitsbestrebungen des Kindes und lehnen sie in dieser Hinsicht ab, wenden sich ihm aber wieder zu, wenn es sich unterwirft oder aber krank wird. Melitta Sperling (1949) sah psychosomatische Symptomatik dementsprechend als Ausdruck sowohl der Unterwerfung unter den unbewussten Wunsch der Mutter als auch der gleichzeitigen Rebellion dagegen.

> Ein seit seinem Auszug aus dem Elternhaus schwer an Colitis ulcerosa erkrankter junger Mann hatte panische Angst, sich gleichaltrigen Mädchen zu nähern, auch und gerade wenn er sich verliebt hatte, was zuweilen vorkam. Einmal unternahm er eine längere Fahrradtour mit einem Mädchen, und die Durchfälle quälten ihn derart, dass der Arme besonders abends stundenlang mit seiner Darmentleerung beschäftigt war. Das Mädchen ging dann schon müde ins Zelt, und wenn der Darm sich einigermaßen beruhigt hatte, sodass der Patient ans Schlafengehen denken konnte, war das Mädchen längst in ihrem Schlafsack eingeschlafen, und es konnte nichts mehr »passieren«. Seit Beginn der Erkrankung rief die Mutter regelmäßig jeden Sonntag an. Ihre erste Frage war immer die nach seinem Befinden. Die Anrufe waren ihm lästig, aber er konnte sich nicht dagegen wehren. Er sagt: »Der Darm dient tatsächlich als Aufhänger für das Gespräch mit der Mutter!« Also stellt der kranke Darm eine Verbindung zur Mutter her (Hirsch, 2010, S. 98).

Bereits im Jahre 1913 stellte Paul Federn in Freuds Mittwochs-Gesellschaft einen Fall von Asthma bronchiale vor.

> »Das Asthma war zum ersten Mal nach einer Trennung von der Mutter aufgetreten […]. Charakteristisch für die Asthmaanfälle war eine bestimmte Asthmastimmung. […] Diese Stimmung wurde immer durch einen unerfüllten bewussten oder unbewussten Wunsch ausgelöst und war bis in das reife Menschenalter die des sich unglücklich und verlassen fühlenden Kindes. […] ›Man soll mir helfen, ich mag das nicht und die Mutter soll kommen.‹ Diese Hilfe sucht das Kind durch Schreien und Jammern, durch Betonen und Zeigen des Unglücklichseins herbeizurufen. […] Im Unbewussten war es noch immer die Mutter, nach der der Kranke wie in der Kindheit bis zur Atemlosigkeit schrie« (Federn, 1913, S. 304f.).

Das psychosomatische Symptom des im Fallbeispiel an Colitis ulcerosa erkrankten Mannes enthält eine Kompromissbildung: Es stellt sowohl eine Verbindung zur »Mutter« her als auch eine Abgrenzung, eine Art Nein gegen diese Mutter dar, und zwar in Form der Abgrenzung gegen das Mädchen. Der Asthmaanfall ist schon lange als erstickter Schrei nach der Mutter aufgefasst worden, nicht einfach als Muttersehnsucht, sondern auch als Abwehr der Nähe zur Mutter. Ein erstes Nein eines zweijährigen Kleinkinds ist schon ein großer Trennungsschritt, ein Schritt in eine relative Unabhängigkeit. Das Kind probiert, es testet, wieweit es *gehen* kann, gehen im Sinne von: von der Mutter weggehen.

Otto Rank hatte einen Begriff von der ubiquitären Ambivalenz von Autonomie und Abhängigkeit als allgemein menschliches,

> »ethische[s] Problem von Geben und Nehmen, von Schaffen und Geschaffenwerden, von Trennung und Schuld. Das ethische Problem fasst den Weg zur Selbständigkeit und Individualität als einen Weg der fortgesetzten Trennung auf, bei welchem das Individuum – bis hin zur letzten Trennung im Tode – immer wieder bestimmte Entwicklungsphasen des eigenen Ich verlassen und aufgeben muss. […] Selbstverständlich will das Individuum ja eigentlich *beides:* Behalten und trennen zugleich. Es will auf der einen Seite durchaus die Trennung und Absetzung (Widerspruch) von allem Vergleichbaren, um sich darin eine unvergleichliche Einzigartigkeit zu erkämpfen. Andererseits gerät es durch diese Bemühung in einen Willens- und Bewusstseinskonflikt, der sich als Schuldgefühl ausdrückt« (Zottl, 1982, S. 208; Hervorh. i. O.).

Es erscheint paradox, dass Ich-Bestrebungen wie Selbstständigkeit und Erfolg Schuldgefühle machen können, obwohl sie doch eigentlich allgemein anerkannte, positive Werte sind. In der Genesis, unserem Schöpfungsmythos, wird ein ganzer Katalog von Eigenschaften und Bedingungen aufgestellt, der den Menschen als Menschen definiert (vgl. Hirsch, 2017 [1997], S. 15): Die (im Vergleich zum instinktgesteuerten Tierreich existierende) Freiheit des Menschen, aber auch die Notwendigkeit der Entscheidung macht Schuld überhaupt erst möglich; nur der Mensch ist fähig zur Schuld. Neben anderen Bedingungen, wie sich seiner selbst schämen, sich Namen geben, arbeiten und unter Schmerzen gebären müssen, auch um den eigenen Tod wissen, gibt Gott eine klare Anweisung: »Darum wird ein Mann Vater und Mutter verlassen und an seinem Weibe hangen, und sie werden sein ein Fleisch« (1 Mose 2,24). Das bezeichnet doch eine »natürliche«, jedenfalls für den Menschen in unserer Kultur, notwendige Generationenfolge, die Trennung von den Eltern fordert, damit durch exogame Heirat neues Leben entstehen kann; die Forderung des *Alten Testaments* enthält so geradezu ein Inzestverbot. Woher kommt also ein »basic belief« (Modell, 1965, S. 324), ein »pathologic belief« (Weiss et al., 1986), aufgrund dessen der Jugendliche annimmt, er habe »kein Recht zu einem besseren Leben« (Modell, 1965, S. 324).

Es ist interessant, dass die in diesem Zusammenhang erwähnten Autoren die Trennungsprobleme der Betroffenen genau beschreiben, auch ihre Motive oder unrealistischen Vorstellungen (»pathologic belief«), es aber bis in die 1980er Jahre schwer war, sich vorzustellen, woher diese Probleme stammen und durch welche die Entwicklung des Kindes und Jugendlichen behindernden Einflüsse diese zustande kommen. Modell sah solche Einflüsse noch nicht, wohl aber Joseph Weiss:

> »Es gibt nicht *a priori* ein Prinzip, das das Kind in der Entwicklung seines Gewissens leitet. Es lernt seine Moralität aus den besonderen Erfahrungen mit seinen besonderen Eltern. […] Ein Kind kann seine Motive, die im Allgemeinen nicht als schlecht angesehen werden, verdammen, wenn es annimmt, dass seine Bindung an die Eltern bedroht wären, wenn er solche Motive äußert« (1986, S. 48; Übers. d. A.).

Weiss zufolge gibt es mehrere Möglichkeiten für eine unrealistische Schuldgefühlentwicklung:

1. Das Kind handelt (oder will handeln) schuldhaft.
2. Das Kind *denkt*, es handelt schuldhaft.
3. Die Eltern reagieren strafend.
4. Das Kind *denkt*, die Eltern würden strafend reagieren.

Die Entwicklung pathologisch übertriebener Schuldgefühle sehen Weiss (1986) und seine Mitarbeiter (Weiss et al., 1986; auch Engel & Ferguson 1992 [1990]) deutlich in der Interaktion zwischen realen Eltern und ihren Kindern begründet. Die Aufgabe der Eltern wäre, die Entwicklung der Kinder zu fördern und sie ihren jeweiligen Bedürfnissen entsprechend loszulassen, außerdem sich selbst jeweils neu zu definieren, um nicht ihrerseits abhängig von den Kindern zu sein, was eine Lösung behindern würde. Es wird von Weiss sehr deutlich gemacht, dass das Trennungsschuldgefühl auf einer Annahme (»belief«) beruht, die das Kind »aufgrund von *Erfahrungen* bildet, dass er den Elternteil verletzen wird, wenn er von ihm unabhängiger wird« (1986, S. 50; Hervorh. u. Übers. d. A.).

Die Haltung der Eltern im Hinblick auf die sich entwickelnde Selbstständigkeit des Kindes ist schon im frühen Kleinkindalter, vielleicht vom Beginn des Lebens an, relevant für die Vermeidung oder Begünstigung von Trennungsschuldgefühlen. Gerade in der Separations-Individuationsphase (drittes Lebensjahr), aber auch in der Adoleszenz wünscht man sich eine empathische, sozusagen altruistische, also von den eigenen Wünschen in Bezug auf das Kind freie Haltung der Eltern. Als Beispiel möge *mein* Bild von der inzwischen sprichwörtlich gewordenen Frühlingswiese gelten: Eine Gruppe von jungen Eltern macht bei bestem Wetter einen Ausflug und rastet zum Picknick auf einer Wiese. Ein vielleicht zweijähriges Kind hat sich sozusagen eigenmächtig von der Gruppe entfernt und rennt dann wieder freudig auf die Mutter zu, die in die Knie geht und erwartungsvoll die Arme ausbreitet. Kurz vor Erreichen der Mutter biegt das Kind plötzlich ab, voller Freude und geradezu körperlicher Lust, zu einer solchen Entscheidung, einem eigenmächtigen Nein, zu derartiger Selbstständigkeit also, in der Lage zu sein. Man würde sich wünschen, dass die Mutter (oder der Vater) in der Lage ist, sich an der Lebendigkeit, der Fähigkeit, Entscheidungen zu treffen, an der Kreativität und auch am Humor des kleinen Kindes zu freuen, es in seiner Expansivität zu bestätigen und in gewisser Weise zu belohnen. Schuldgefühle gerade wegen dieser Fähigkeiten des Kindes werden dagegen erzeugt, wenn diese von den Eltern als böswillige Trennung erlebt und mit Kränkung oder Aggression quittiert werden. Das Kind kann nicht erkennen, wo das Problem liegt, und nimmt die Schuld auf sich (Schuldgefühl). Diese Dynamik haben zuerst James F. Masterson und Donald B. Rinsley (1975) als Wurzel der Borderline-Persönlichkeitsstörung beschrieben: In der Wiederannäherungsphase ist die Mutter (bzw. die Bezugsperson) so gekränkt, wenn das Kind sich von ihr entfernt, dass sie es nicht wieder annehmen kann, wenn das Kind wieder mütterliche Nähe braucht (»refueling«).

Häufig sieht man bei männlichen Patienten eine mehr oder weniger ausagierte Partnerersatzdynamik, in der die Mutter, selbst von ihrer eigenen Mutter als Mädchen wenig geachtet, sich ihren Sohn zum idolisierten kleinen Mann macht, der sie ergänzen soll (Hirsch, 1988, 2016). In dieser Konstellation gibt es keinen triangulierenden Vater, und der Junge ist hin- und hergerissen zwischen manischem Hochgefühl, der Auserwählte zu sein, und depressivem Minderwertigkeitsgefühl, wenn die Mutter sich enttäuscht-aggressiv abwendet, da er die Aufgabe nicht erfüllen kann. Jedenfalls bleibt er gebunden, und auch die Mutter unterbindet eifersüchtig seine Trennungsbestrebungen in der Adoleszenz.

Man fragt sich dann, wer die größeren Trennungsprobleme hat, der Jugendliche oder der Elternteil. Eltern können die Trennung ihrer Kinder von ihnen wie einen Mord erleben; auf dieses Bild, das Hans W. Loewald (1986 [1979]) entworfen hat, habe ich schon hingewiesen: Durch die Trennung sterben Vater und Mutter, die Eltern eines Kindes, das zu Hause lebt, gibt es nicht mehr. Dadurch ist nicht nur der Jugendliche gezwungen, einen eigenen Weg zu einer unabhängigen Identität zu finden, auch die Eltern müssen sich neu definieren, besonders als Paar, das nach vielleicht 20 Jahren Elternschaft miteinander auskommen soll ohne das Kind zwischen sich und ohne die Aufgabe, für es zu sorgen. Krisen, eben Identitätskrisen, werden ausgelöst, manche Ehe ist gefährdet, weil das Elternpaar nicht wieder neu zusammenfinden kann. Natürlich können auch Väter oft vehement gegen die Loslösungsbestrebungen der adoleszenten Kinder agieren. Manche Väter reagieren extrem aggressiv, von paranoider Eifersucht getrieben, auf die ersten harmlosen Kontakte ihrer Töchter zu gleichaltrigen Jungen.

Der Vater einer Patientin schilderte, wie ihr Vater damals stets hinter der Gardine lauerte, um zu beobachten, ob sie ein Junge nach Hause bringen würde. Sah er das, versteckte er sich hinter der Tür, sprang hinter ihr hervor und ohrfeigte die Tochter in unkontrollierter Wut, sodass sie gegen die Wand flog.

Unbewusste Inzestwünsche – dem Vater gehören alle Frauen der Familie – sind die Wurzel derart eifersüchtiger Wut (vgl.

Hirsch, 1993), aber auch die unbewusste Angst, verlassen zu werden und aus dem Gleichgewicht zu geraten.

Wie schon im Zusammenhang mit dem unwillkommenen Kind, mit dem Ersatzkind und auch mit dem Kind, das in der Familie Traumata erleiden musste, findet man in vielen Psychotherapien reale Aussprüche von Müttern und Vätern, die auf die Genese eines feindlichen Über-Ichs und eines resultierenden Trennungsschuldgefühls hinweisen: »Ich habe alles für dich getan …, dich unter Schmerzen geboren, und nun willst du mich verlassen!« Die zaghaften Autonomiebestrebungen der Jugendlichen werden entwertet, ebenso beginnende Kontakte zu Menschen außerhalb der Familie: »Das ist kein Umgang für dich …, du sollst natürlich werden, was du möchtest, aber Kunst zu studieren kommt überhaupt nicht in Frage …, du bildest dir wohl ein, was Besseres zu sein!«

Die Eltern agieren, als wäre das Recht auf ihrer Seite, der oder die Jugendliche beginge – schuldhaft – ein Unrecht an ihnen. Als hätten die Jugendlichen mit sich selbst, das heißt mit ihrer naturgemäß unsicheren Identität und ihrer noch ungewissen Zukunft (als dann Erwachsene), nicht genug zu tun, werden sie mit massiven Vorwürfen konfrontiert, deren Hintergründe (die Trennungsprobleme der Eltern) sie nicht verstehen können. Der oder die Jugendliche ist verwirrt, denn der Adoleszente hat Angst vor der Zukunft, das heißt aber auch vor der Trennung (Trennungsangst). Er macht sich vielleicht Vorwürfe, sich eine neue Identität nicht vorstellen zu können, nicht aktiv genug zu sein, depressiv zu sein, als würde er nicht genug *tun*. Nun mit eigentlich genau denselben noch weniger bewussten Gefühlen der Erwachsenen konfrontiert, an denen der Jugendliche auch noch schuld sein soll (er hat ja vor, etwas zu *tun*, was den anderen schadet), verwirrt ihn der Ursprung seiner widerstreitenden Gefühle.

Obendrein senden die Erwachsenen oft genug widersprüchliche Botschaften aus: Eigentlich möchten sie das Kind behalten, weiter Eltern sein, es soll alles beim Alten bleiben, andererseits fühlen sie sich bedroht und fordern aggressiv: »Wann ziehst du endlich aus? Wie lange willst du uns noch auf der Tasche liegen?« Die Eltern schimpfen, dass der Jugendliche nichts für die Schule tue, hindern ihn aber mit unrealistischen Aufträgen, daran zu arbeiten. Sie schicken ihm während des ganzen Studiums Geld und brechen zusammen, wenn das »Kind«, nach dem Studium bereits berufstätig, das Geld zurück(über)weist.

Eine Patientin von Weiss erinnert sich,

> »dass ihre Mutter sie subtil ermutigte, anhänglich zu sein, obwohl sie sich über ihre Anhänglichkeit [›clinginess‹] beklagte. Sie versäumte, die Tochter zu loben, wenn sie etwas selbständig machte, und bemerkte überhaupt nicht, wie fähig die Patientin war, für sich selbst zu sorgen. Auch schickte sie sie in ein Sommercamp, damit sie unabhängig würde, war aber gleichzeitig unglücklich, wenn sie ging. Sie weinte am Bahnsteig und drängte sie, sie täglich anzurufen mit Hilfe des einzigen Telefons des Camps. […] [Die Patientin] nahm an, dass die Mutter sie drängte, unabhängig zu sein, um sich selbst zu beweisen, dass die Tochter trotz des Drängens unfähig sei, sich von ihr zu trennen« (Weiss, 1986, S. 58; Übers. d. A.).

Also ist das Problem, ist es die Schuld der Tochter, abhängig zu sein. Das ist ja auch so, aber der Ursprung der Abhängigkeit ist nicht nur oder nicht überwiegend die Angst der Tochter vor der Trennung, sondern das Schuldgefühl, die Mutter allein zu lassen, weil die Mutter sie braucht. (Übrigens liegen allen Ablösungsproblemen zwei Kräfte zugrunde: Das Schuldgefühl zieht den Jugendlichen zurück – wie starke Gummibänder, sagte einmal eine Patientin –, die Angst vor dem selbstverantworteten zukünftigen Leben lässt sie andererseits nicht gehen.) »Ein Kind kann einen pathologischen Glauben entwickeln [nämlich den Eltern zu schaden, wenn es geht], weil es Haltungen der Eltern annehmen muss, die genau das Gegenteil bedeuten von dem, was sie ihm sagen, dass sie sie haben« (ebd., S. 59).

Sexualität bedeutet Trennung

Sexualität als vitaler Trieb ist das Bedürfnis des Individuums, das seine Sexualität ausleben will. Als solche kann sie Schuldgefühle machen, sie ist ja auch mit Aggression verbunden, denn Vitalität kann auch verpönt sein (zum Beispiel können manche

Eltern schlecht mit den ödipalen Impulsen ihrer kleinen Kinder umgehen). Die Bedeutung der Sexualität der Kinder und Jugendlichen als Trennung(sbedrohung) dagegen ist das Problem der Erwachsenen. Wegen des Inzestverbots und damit des Exogamiegebots ist Sexualität immer mit Trennung verbunden; sexuelle Bedürfnisse der Jugendlichen können nicht in der Familie erfüllt werden. Bereits das harmlose masturbatorische Spiel des kleinen Kindes ruft noch immer eine vielleicht heftige Gegenreaktion der Erwachsenen hervor, als hätten sie eine Ahnung, dass das Kind in seinem versonnen lächelnden Zustand der Erregung niemanden brauche, auch die geliebten Eltern nicht, dass es mit sich allein vollständig zufrieden sei; auch das wäre Trennung.

Die Hochzeit ist auch heute noch das Ritual, das das Bedürfnis der Gesellschaft und des Individuums und seiner Familie ausdrückt, Sexualität in geordnete Bahnen zu lenken. Gleichzeitig erteilt sie durch den offiziellen Rahmen eine Art Erlaubnis, innerhalb des allseits anerkannten Rahmens Sex zu haben. Die Hochzeit der jungen Erwachsenen, die keine Jugendlichen mehr sind, markiert aber auch eine Trennung: Deshalb fließen die Tränen der Mütter, denn sie verlieren ein Kind, das nun endgültig kein Kind mehr ist, und es ist, als ob sie wüssten, dass die Geburt der Enkel (das wäre der endgültige Beweis, dass die »Kinder« sexuelle Wesen sind) bereits auf den Tod der Großelterngeneration hinweist. Wieder leuchtet das Bild ein, das eine Patientin einmal entworfen hat: Wenn die Familie auf einer Bank säße, die Alten auf der einen, die Jungen auf der anderen Seite, würde, wenn ein Kind geboren wird und auf die Bank drängt, der Großvater auf der anderen Seite herunterfallen. Die Mutter einer Patientin schrieb einmal:

> »Kannst Du denn nicht begreifen, dass Du eine alte Mutter vor Dir hast, die mit einem Fuß schon im Grabe steht. Jeder Abschied ist ein kleiner Tod … Du bist alles, was ich habe, und ich liebe Dich von Herzen, egal was auch passiert ist. Vielleicht denkst Du mal an mich. Ich hoffe auf ein Wiedersehen. Deine Mama« (Hirsch, 2017 [1997], S. 219).

Manchmal kommt es vor, dass der Konflikt, gehen zu wollen, aber bei den Eltern bleiben zu müssen (oder auch zu wollen), so umgangen oder vielmehr ausagiert und nur scheinbar gelöst wird, indem das Mädchen eine latent inzestuöse Partnerbeziehung eingeht. Der gewählte, viel ältere Mann repräsentiert dann den Vater und seine inzestuösen Wünsche, die Tochter zu behalten, und es wäre kein Wunder, wenn der Vater und der Schwiegersohn sich prächtig verstünden.

Der männliche Jugendliche ist in größeren Schwierigkeiten, denn die inzestuöse Nähe zur Mutter oder einer Partnerin, die der Mutter entspricht, verursacht eine viel größere Angst, eine Symbioseangst, mit der »Mutter« zu verschmelzen, von ihr aufgesaugt zu werden, sich aufzulösen und jede Identität zu verlieren. Ein Ausweg wäre die sexuelle Perversion, deren vorherrschende Bedingung ist, dass der Mann die absolute Kontrolle über sein Sexualobjekt behält, sei es nun ein Fetisch oder ein menschliches Objekt, das aber funktionalisiert, zum Dingobjekt gemacht, ebenso beherrschbar bleiben muss. In der Psychotherapie eines Patienten, dessen Störung ich als Borderline-Perversion verstanden habe, wurde mir klar, dass es auch für die männliche Sexualität eine Kompromiss- oder Scheinlösung für den Trennungskonflikt gibt (Hirsch, 2016).

> In der Fantasie stellte der Patient seine Sexualität, seinen Penis, der Mutter zur Verfügung, auch deren Nachfolgerinnen, denn er gewann erst während der Therapie das Gefühl, Sexualität für sich haben zu können und sie nicht in den Dienst einer Frau stellen zu müssen. Er war in der Kindheit der sexualisierten Macht der Mutter ausgeliefert gewesen, die über Jahre eine ritualisierte Phimoseprophylaxe anwendete und offen feinselig reagierte, als der Adoleszente sich Mädchen zuwandte. Die Mutter beansprucht den Penis des Sohnes für sich, sie sucht ihn zu beherrschen, »die Mutter verwaltet den Penis ihres Sohnes« (Hirsch, 1988, 2016).

Erfolg bedeutet Trennung

Während hinter Arbeitsstörungen eher Schuldgefühle aus Vitalität zu vermuten sind, sind es bei der Prüfungsangst eher solche, die gegen Trennung gerichtet sind, es mischen sich Angst und

Trennungsschuldgefühl, denn Prüfungen sind im Grunde Initiationsriten (die auch wehtun sollen) und markieren den Übergang von einer Identitätsstufe in eine andere, bedeuten letztlich das Fortschreiten vom Kind zum Erwachsenen. Natürlich ist es erst einmal die Angst, die Prüfung nicht zu schaffen, was zumindest Zeitverlust, vielleicht das Aufgeben aller Karrierepläne bedeuten würde, dazu käme die Scham, versagt zu haben. Es ist aber gar nicht klar, ob der Kandidat in den Tiefen seines Unbewussten die Prüfung wirklich bestehen will, darauf hat Michael Lukas Moeller hingewiesen: Der Student möchte zwar die Prüfung bestehen, andererseits aber bei der »Alma Mater« bleiben; mit der Prüfung wolle ihn eine fantasierte Mutter wegschicken, was Aggressionen erzeuge, die gegen das eigene Selbst gerichtet werden müssten und »Schuldangst« (Schuldgefühl wegen der Aggression) erzeugten, »zugleich wird die Trennung als unbewusstes Verlassen der Eltern und damit als ein aggressiver Akt gegen diese erlebt« (Moeller, 1969, S. 200). Die eigene Ambivalenz dem Identitätsschritt gegenüber, den die Prüfung markiert, wird unbewusst als Weggeschickt-Werden und/oder als aggressives Verlassen erlebt.

Die Angst vor der Prüfung ist eigentlich die Angst des Jugendlichen, das Elternhaus zu verlassen (auch dabei würde eine Schwelle, eine Türschwelle, übertreten) und ein erwachsenes, selbstbestimmtes Leben zu führen. Das Studium kann man so als verlängerte Adoleszenz ansehen. Die Angst kann auch mit einem Schuldgefühl verbunden sein, oder das Schuldgefühl kann vorherrschen, wenn die bestandene Prüfung bedeutet, die Eltern zu verlassen, auf deren Liebe man nicht verzichten oder die man nicht allein lassen kann, indem man sie intellektuell, geistig und dann auch räumlich hinter sich lässt.

> Ein Philosophieprofessor, Ordinarius und Institutsleiter, der aus einfachen Verhältnissen stammte, wie man sagt, schämte sich seiner Eltern wegen deren mangelnder Bildung, der Vater war Schumacher, die Mutter Hausfrau. Im Laufe der langjährigen Psychotherapie stellte sich heraus, dass hinter dieser Scham, einem Fremdschämen, die Scham über sich selbst verborgen lag, weil der Patient, halb bewusst, auf seine Eltern herabsah, sich als »was Besseres« fühlte. Diese Scham war gemischt mit Schuldgefühlen, die Eltern hinter sich ge-

lassen zu haben, besonders seinem Vater gegenüber, der ihn immer gefördert hatte, aber auch der Mutter gegenüber, die ihn, den einzigen Sohn, lieber bei sich behalten hätte.

Es ist wie bei der Hypochondrie: Der Student mit seiner großen Prüfungsangst denkt, er habe Angst vor dem Durchfallen, dem Nicht-Bestehen. Was aber, wenn er eine unbewusste, vielleicht größere Angst hat, die Prüfung zu bestehen? Der Hypochonder will natürlich bewusst seine Krankheit loswerden, sträubt sich aber vehement anzuerkennen, dass er, jedenfalls körperlich, gesund ist, sodass der Arzt schließlich kopfschüttelnd einsehen muss, dass der Patient die Krankheit behalten will. In beiden Fällen geht es um Identität, die Angst ist eigentlich eine Identitätsangst: Der Medizinstudent hat Angst, Arzt zu werden, der Hypochonder hat Angst, auf sein Leben zu blicken und vielleicht feststellen zu müssen, dass es nicht gut verlaufen ist, dass er es nicht gut genug gestalten konnte und dass es auch nicht mehr anders und besser werden kann.

Eine Medizinstudentin war bereits zweimal durch das Physikum gefallen, beide Male fehlten ihr ungefähr zwei Prozent der Punkte, die sie hätte erreichen müssen, um zu bestehen. Sie hatte schon das Gefühl, sie müsste sich professionelle Hilfe holen, ließ die Zeit aber bis drei Monate vor dem letzten möglichen Prüfungstermin verstreichen, bis sie sich in meiner Praxis meldete. Gut, sagte ich, dann machen wir eine intensive Kurztherapie, zweimal wöchentlich, egal, wie sie auf das Prüfungsproblem wirkt. Im Laufe dieser kurzen Zeit kam die Patientin aus dem Staunen nicht heraus, als sie nach und nach die Dimensionen ihrer in der Herkunftsfamilie begründeten Konflikte begriff. Ursprünglich hatte sie den Plan, Konzertpianistin zu werden, den sie aber in der Adoleszenz trotz ihrer Begabung aufgegeben hatte. Sie würde also mit dem Erfolg im Medizinstudium endgültig diese Möglichkeit aufgeben, eine potenzielle Identität verlieren. Dann hätte ein Studienerfolg eine ödipale Komponente, als Ärztin hätte sie die Mutter (in den Augen des Vaters, so die Fantasie) deutlich überrundet. Hinzu kam die Rivalität mit dem Bruder, auch den würde sie beträchtlich hinter sich lassen, eine uralte Geschwisterrivalität würde ans Licht kommen. Und, um das Maß voll zu machen: Es gab in der Kindheit der Patientin einen Arzt, den sie sehr verehrt hatte, zu dem sie aufgeblickt und mit dem sie sich offenbar, was die Berufswahl betraf, identifiziert hatte, obwohl er sie in ihrer Adoleszenz sehr enttäuscht hatte. Ärztin zu werden hätte bedeutet, wie dieser Arzt zu sein, den sie aber inzwischen derart ablehnte. Als all diese Faktoren mehr oder weniger auf dem Tisch lagen, kam der Zeitpunkt der Prüfung heran, meine väterlichen Gegenübertragungsgefühle ließen mich etwas bangen, bis die Nachricht kam, dass sie das Physikum knapp bestanden hatte, diesmal hatte sie ungefähr zwei Prozent *über* dem Limit erreicht. Die Patientin kam noch einmal zu einer Sitzung, sie hatte überlegt, die Therapie fortzusetzen, sich aber dagegen entschieden.

Ein Phänomen ist mir schon während meines eigenen Medizinstudiums aufgefallen: Während ca. 40 Prozent der Kandidaten das Physikum, die schwerste Prüfung des Medizinstudiums, nicht bestanden, dagegen nur etwa drei Prozent in der allerletzten Prüfung, dem Staatsexamen, versagten, war die Angst vor dem Staatsexamen viel größer als vor dem Physikum. Viele Kommilitonen ließen sich krankschreiben, nahmen Psychopharmaka, eine Kollegin ging sogar freiwillig in die psychiatrische Klinik! Die Erklärung, die ich mir damals gab, war einfach: Nicht die reale Gefahr machte Angst, sondern die *Bedeutung* der Prüfung. Nach dem Physikum würde man immer noch Student bleiben, das Staatsexamen jedoch war die endgültige Schwelle zum Arztberuf, ein starkes Symbol für die Trennung von Kindheit und Elternhaus, die ultimative Forderung, erwachsen und allein verantwortlich für das (Berufs-)Leben zu sein. Manchmal bedeutet aber schon das Physikum eine zu große Identitätsanforderung, wie wir es oben im Fallbeispiel gesehen haben, denn man tritt erstmalig im weißen Kittel ans Krankenbett, und der Stationsarzt sagt zum Patienten: »Darf ich Ihnen unsere kleine Frau Doktor vorstellen …« Im selben Sinne hörte ich von einem Philosophiedozenten die tragische Geschichte eines Medizinstudenten, der extreme Angst hatte, das Physikum nicht zu schaffen, dann aber glänzend mit »sehr gut« abschnitt. Während der Party, mit der die Studenten die bestandene Prüfung feierten, begab sich der Student in das oberste Stockwerk des Uni-Gebäudes und stürzte sich in den Tod. Der Philosoph sagte dazu bedauernd: »Vielleicht wäre er noch am Leben, wenn er eine Drei gemacht hätte.«

Man kann sagen, dass nicht nur jede Prüfung Trennung von der vorherigen Identität bedeutet, sondern jede vollendete Arbeit, jedes fertige Produkt lässt den Urheber verändert zurück. So lässt sich auch der Künstler verstehen, der zwar so arm ist, dass er kaum sein Leben bestreiten kann, aber dennoch große Probleme hat, seine Kunstwerke zu verkaufen, er kann sich nicht trennen. Schlimmer noch wäre es, wenn er so arbeitsgestört wäre, dass er sie gar nicht erst fertigstellen könnte. Jeder Schriftsteller muss sich in jedem Moment des Schreibens für ein bestimmtes Wort oder eine bestimmte Wendung entscheiden und sich damit von allen anderen möglichen Formulierungen trennen, die durch das Niedergeschriebene oder gar Gedruckte sozusagen getötet werden. Hat der Schreiber Probleme damit, zeigen sie sich als Schreibhemmung. Natürlich ist man bei Routinearbeiten von solchen Konflikten verschont, es sind die kreative Arbeit und das einzigartige Produkt, die die Identität des Autors unveränderbar einer Öffentlichkeit demonstrieren, und diese Endgültigkeit hat dieselbe Bedeutung des Festgelegt-Seins wie ein letztes Examen.

> »Jeder *Erfolg* würde, neben dem oberflächlicheren Triumph im Eifersuchtskonflikt und der Beseitigung des Rivalen, *die Trennung von der Mutter* und damit nicht nur ihre zürnende Zurückziehung von ihm [dem Patienten] bedeuten, sondern auch die *mörderische Gleichsetzung von Trennung und Tod*« (Wurmser, 1987, S. 145; Hervorh. i. O.).

So beschreibt Leon Wurmser drastisch die Bedeutung des Erfolgs, den er als Symbol für Trennung und Mord jenseits ödipaler Triebe versteht.

Angst und Schuldgefühl sind kaum zu trennen, wenn es um die Hemmung geht, jemand Bestimmtes zu sein und das offen zu zeigen. Aber Arbeitsstörung und Prüfungsangst sind oft noch komplizierter determiniert, nämlich durch widersprüchliche Über-Ich-Forderungen, die eine Arretierung bewirken, aus der der Patient sich nicht befreien kann.

Besonders Wurmser hat immer wieder betont, dass das Über-Ich nicht einheitlich ist, sondern aus verschiedenen Anteilen besteht, die sich durchaus widersprechen können (1987, 1990, S. 191). So kann der eine Leistungen und Unabhängigkeit fordern, der andere gleichzeitig aber Trennung verbieten und mit Schuldgefühlen quittieren. Natürlich entsprechen die Über-Ich-Anteile den widersprüchlichen Forderungen der Eltern von damals; entweder gingen die widersprüchlichen Botschaften von einem Elternteil aus oder sie waren auf beide Eltern verteilt: Der eine fordert: »Sei erfolgreich!«, der andere: »Bitte bleib bei mir.«

Wenn die Eltern dem Kind seinen Erfolg, das heißt aber eigentlich sein So-Sein, nicht gönnen können, gibt es für sie eine Möglichkeit, ihm den Erfolg zu gestatten: Der Erfolg darf nicht dem (erwachsenen) Kind gehören, sondern die Eltern schreiben ihn auf ihr Konto. Noch immer hört man in Therapien Sprüche der Eltern wie: »Was willst du studieren, du heiratest ja doch!« oder »Hat sich die ganze Mühe zu studieren denn gelohnt?!« Aber dieselben Eltern prahlen mit dem Erfolg ihrer Kinder den Nachbarn gegenüber oder in der Verwandtschaft: »*Unsere* Tochter studiert in der Hauptstadt!«, als wäre es eigentlich die Leistung der Eltern, eine so tüchtige Tochter produziert zu haben. Ist ein Kind nicht abgelöst von einer solchen Dynamik, wird es nicht vorankommen können, denn jeder Erfolg gäbe den Eltern Recht, und das Kind muss durch den fehlenden Erfolg protestieren, auch wenn es ihn eigentlich will: Die Eltern haben ihm seinen Willen abgenommen, gestohlen. Das Dilemma: Hat das Kind Erfolg, ist es der der Eltern, hat es keinen Erfolg, bleibt es bei ihnen. »Wenn die Patientin in einer Sache erfolglos war, fühlte sie sich schuldig, die Mutter enttäuscht zu haben. Aber wenn sie erfolgreich war, machte sie sich Vorwürfe, dass sie die Mutter neidisch gemacht habe« (Weiss, 1986, S. 61). Ähnlich beschreibt Joseph Weiss auch die Unmöglichkeit, man selbst zu sein, wenn man von den Ansprüchen der Eltern nicht genügend abgelöst ist: »Wenn sie [die Patientin] unglücklich war oder depressiv, befürchtete sie, dass ihre Mutter sich beschuldigt fühlte, keine gute Mutter zu sein« (ebd., S. 62).

Das Doppelte, das im Symptom enthalten ist und mit diesem nicht aufgelöst werden kann, im Gegenteil bestehen bleiben muss, findet sich auch in einer brillanten Arbeit über den »besessenen Autofahrer« von Franz Alexander aus dem Jahre 1931. Ein Patient unternahm häufig zwanghaft lange Fahrten mit dem Taxi, das er regelmäßig nicht bezahlen konnte, immer im Zustand großer (sexueller?) Erregung, einmal nach »Kummersdorf« (Alexander, 1931, S. 181). (Übrigens habe ich ausführlich über die Bedeutung des Autofahrens und des Führerscheins nachgedacht: Hirsch, 2017 [1997], S. 240f.) Weil er nicht zahlen konnte, wurde er regelmäßig festgenommen und kam sozusagen wieder zur »Mutter« zurück. Die Mutter war zwar wieder verheiratet, klammerte sich aber an den erwachsenen Sohn, sie machte Terror durch Suiziddrohungen, damit er bei ihr blieb: »Der auf den Sohn gerichtete unbewusste Inzestwunsch der Mutter kommt in diesen Selbstmordszenen unverkennbar zum Ausdruck. Mutter und Sohn sollen sich im Tod vereinigen« (ebd., S. 186). Davor ergreift der Patient die Flucht: »Wenn er in ein Auto steigt, so fühlt er, daß er vor der Mutter flüchtet. […] ›Ich bin in ständiger Flucht vor meiner Mutter. […] Ich fühle dann [aber] immer jemand hinter mir herkommen‹« (ebd., S. 187). Der Sohn ist aber auch (inzestuös) an die Mutter gebunden, sodass er mithilfe der Polizei immer wieder zu ihr zurückkehrt. Franz Alexander zieht ein Fazit: »Er steigt in das Auto und will vor der Gefahr, vor der Mutter, fliehen. […] Die unklare Vorstellung: ›die Mutter jagt ihm nach‹ ist nicht nur eine Angstvorstellung, sondern drückt auch den Wunsch nach der Mutter aus« (ebd.). Alles ist schon einmal gedacht worden …

Eine andere häufige Möglichkeit, den Widerspruch zu beantworten, ergibt sich aus der Identifikation (mit dem Aggressor): Das »Kind« kann nichts für *sich* erfolgreich tun, aber es kann *für jemanden* (einen Nachfolger der Eltern sozusagen) arbeiten. Das konnte die zuvor erwähnte Patientin, deren Vater sich suizidiert hatte. Sie verwaltete nämlich seine hinterlassene Arbeit und hielt so eine Verbindung zu ihm aufrecht, konnte aber für ihr eigenes Studium nichts tun.

Die widersprüchlichen Bestrebungen der Eltern ihren adoleszenten Kindern gegenüber schlagen sich als widersprüchliche Über-Ich-Anteile im Selbst des Patienten nieder. Der Über-Ich-Charakter (»Polizei«) dieser Kräfte bildete sich im Traum einer Patientin ab, einer Musikstudentin, die größte Schwierigkeiten hatte, zu üben und zu ihren Prüfungen zu gehen:

> Sie ist zu Hause bei den Eltern und macht sich auf den Weg zu einem Konzert, das sie geben soll. Sie ist schon spät dran, die Eltern wollen mitkommen, sie ziehen sich noch um und werden und werden damit nicht fertig. Sie ist in höchsten Nöten, weil sie die Eltern mitnehmen soll und nicht loskommt. Dann geht sie trotzdem allein, die Familie schimpft heftig. Sie fährt mit dem Auto auf einer breiten Straße zum Konzert. Plötzlich ist ein Polizeiwagen hinter ihr, und sie denkt: »Um Gottes willen, die können mich festnehmen!« (Hirsch, 2017 [1997], S. 232)

Ein Konzert ist für eine Musikstudentin wie eine Prüfung; die Eltern im Traum scheinen zwar einverstanden mit dem Erfolg der Tochter, ziehen dann aber doch nicht mit, sodass sie allein gehen muss. Das aber ist verboten, die Über-Ich-Polizei will verhindern, dass sie ihr Konzert gibt, also als selbstständige, erwachsene Musikerin an die Öffentlichkeit tritt.

Die Prüfung macht erst einmal bewusste Angst, die Schuldgefühle bleiben eher verborgen. Neben der Angst durchzufallen findet sich sehr oft die unbewusste Angst, die Prüfung zu *bestehen*, wie es schon erwähnt wurde. Natürlich kann es Angst machen, den (letzten) Schritt in das selbst verantwortete Leben zu tun, eine noch unbekannte neue Identität übernehmen zu müssen. Ein anderer Anteil aber ist eine Schuldangst: Die Angst, den Liebesobjekten zu schaden, weil die Prüfung die Trennung von ihnen bedeutet, als ob man sie in ihrem Elend und in ihrer Einsamkeit beschädigt zurückließe. Wegen der Selbst-Objekt-Verschmelzung ist es aber gar nicht klar, wer denn beschädigt wird und wer sich ein Leben nach der Prüfung nicht vorstellen kann: Patienten befürchten, dass sie nach der Prüfung nicht leben können, wie es auch tatsächlich eine Patientin beschreibt: »Wenn ich an die allerletzte Prüfung des Studiums denke, wird mir ganz schlecht, ich kann mir das Leben danach, das Leben *nach dem Tod* nicht vorstellen« (ebd., S. 235; Hervorh. i.O.). Es ist nicht eindeutig, wer stirbt, die Mutter oder die Tochter. Da sie durch primäre Identifikation verbunden sind, bleibt es unklar, beide sind von der Trennung betroffen, da es keine oder eine geschwächte Grenze zwischen ihnen gibt.

Opfer jeder Gewaltform haben Schuldgefühle

Wir haben von Sándor Ferenczi (1964 [1933]) gelernt, dass die von außen angreifende Gewalt durch Introjektion in die Psyche gelangt, wo ein Gewaltintrojekt wie ein destruktives Über-Ich Schuldgefühle macht. Das Opfer, das Kind in der Gewaltfamilie, nimmt dem Täter seine reale Schuld ab, nimmt sie in sich hinein; die Schuld des Täters wird zum Schuldgefühl des Opfers. Das Kind kann die Qualität des Geschehens nicht realisieren, es kann die Schuldverhältnisse nicht erfassen, weil es dann den auch geliebten Täter, den Vater oder ein anderes Familienmitglied, zu dem es eine liebende Beziehung hat, verlieren würde. Das trifft auch auf das erwachsene Opfer zu, denn in einer archaischen Regression (Eissler, 1968, S. 457) erlebt sich das Opfer als ohnmächtiges Kleinkind, das in seinem Peiniger den einzig anwesenden Mächtigen sieht, der als möglicher Retter infrage kommt und von dem man völlig abhängig ist. Im Falle schwerer Gewalt ist es auch nicht möglich, das Introjekt durch Identifikation zu assimilieren, denn man müsste das unerträgliche Ausmaß der Gewalt und den damit verbundenen Verrat an der (in der Familie vorher bestehenden) Beziehung realisieren und durchleben, was als so überwältigend erlebt werden würde, dass es abgewehrt bleiben muss; die Gefühle von extremer Angst und Wut würden auch wiederum die Beziehung, die ja erhalten bleiben muss, zerstören. Andererseits gibt es wohl im Falle nicht so übergroßer Gewalterfahrung schon die Möglichkeit, sich mit dem Aggressor so zu identifizieren, dass man ihn nachahmt und wieder zum Täter Schwächeren gegenüber wird. Diese Form der Identifikation kann man sekundär nennen oder Täter-Identifikation, auch »männlich«-sadistisch.

Familiäre Traumata

Besonders im Falle familiärer Gewalt wird deutlich, wie sehr das Kind auf den Erhalt der Beziehung zu den Erwachsenen, auch wenn diese Täter sind oder mit dem Täter kollaborieren, angewiesen sind. Am Beispiel der Inzestfamilie wird auch deutlich, dass es ausgewählte Kinder sind, die zu Opfern gemacht werden, nämlich die bedürftigsten, die abgelehnten und damit am meisten emotional »verhungerten«. Auf ein »Mutter-Trauma« würde ein »Vater-Trauma« folgen (Hirsch, 1996a, 2004, S. 71), und die entsprechenden Kinder sind am wenigsten selbstbewusst und weniger in der Lage, sich zu wehren. Es ist auch bekannt, dass körperlich oder geistig behinderte Kinder prädestiniert sind, Opfer von Gewalt innerhalb und außerhalb der Familie zu werden. Hier spielt wieder ein (Basis-)Schuldgefühl (des Opfers) eine begünstigende Rolle: Schuldbeladene Kinder fühlen sich wertlos, mit ihnen »kann man es machen«, wie sie es sich selbst sagen und wie es auch der Täter erspürt. Diese Aufeinanderfolge von verschiedenen Traumata hat man »telescoping« der Erfahrungen (A. Freud, 1951; Kris, 1956; Kohut, 1973 [1971]; Faimberg, 1987) genannt, ähnlich ist auch das Konzept der sequenziellen Traumatisierung (Keilson, 2005 [1979]).

Für die Inzestdynamik habe ich acht komplex ineinandergreifende Schuldgefühlqualitäten des Inzestopfers beschrieben (Hirsch, 1999 [1987], S. 91ff., 2017 [1997], S. 245), die man aber auch auf andere Formen familiärer Gewalt übertragen kann. Die sorgfältige Differenzierung der Schuldgefühlqualitäten voneinander und auch von realer Schuld ist in der psychoanalytischen Therapie besonders wichtig.

1. Die umfangreichste Schuldgefühlkomponente beruht auf der *Introjektion der Schuld des Täters*, wie wir mehrfach ausführlich beschrieben haben. Hier ist die Paradoxie begründet, dass das Opfer sich schuldig fühlt, wertlos, oft lebenslang die Opferrolle perpetuiert.
2. Darüber hinaus finden sich regelrechte einer Gehirnwäsche ähnliche Vorgehensweisen des Täters, der dem Opfer obendrein Schuldgefühle macht, seine Persönlichkeit und Körperlichkeit entwertet und sein Selbstwertgefühl aktiv erniedrigt. Man kann hier geradezu von Implantation des Schuldgefühls (nicht Implantation der Gewalt) sprechen.
3. *Die eigene Sexualität* wird schuldhaft erlebt, besonders wenn sie schon längst mit Strafen belegt war; die Verwirrung ist beträchtlich, wenn die Verfolgung der kindlichen Sexualität vom späteren Inzesttäter ausgegangen war.
4. Schwere Schuldgefühle machen die *eigenen Lustempfindungen* bereits als Kind bei den Missbrauchshandlungen. Da sich das Kind den eigenen Körperempfindungen ohn-

mächtig ausgeliefert fühlt, etwas will, das seinem Ideal-Ich zuwiderläuft, entstehen auch schwere Schamgefühle. Wird der eigenen Lust nachgegeben, muss man auch von einem Anteil realer Mit-Schuld, einer Kollaboration sprechen, wenn auch in tragischer Verstrickung; ebenso, wenn nun in sekundärer Identifikation sexuelle missbräuchliche Handlungen Schwächeren gegenüber ausgeübt werden.

5. Schuldgefühle entstehen durch die *ödipale Komponente:* Trotz des Missbrauchscharakters schließen sich innerhalb der typischen Inzestfamilie Vater und Tochter gegen die Mutter zu einem Bündnis zusammen.
6. Die *Rollenumkehranforderung*, die für die Inzestfamilie typisch ist, macht immer Schuldgefühle, da die vom Kind übernommene Elternrolle nie ausgefüllt wird. Das erlebte Versagen (potenziert durch entsprechende Vorwürfe) macht Schuldgefühl.
7. Das Bestreben des Opfers, das Inzestgeschehen öffentlich zu machen, es *aufzudecken*, macht schwere Schuldgefühle, die teils einem Trennungsschuldgefühl entsprechen, teils aber auch – ziemlich realistisch in der Regel – auf einer vorweggenommenen Schuld beruhen, die Familie zu zerstören, den Vater ins Gefängnis zu bringen.
8. Mit zunehmendem Alter kann ein Bewusstsein der adoleszenten Tochter entstehen, nun ihrerseits Macht über den (schwachen) Vater zu haben. Aggressionen, Todeswünsche können mit einem *Triumph* über ihn verbunden sein, gleichwohl entstehen schwere Schuldgefühle.

Schuldgefühle nach Todesfällen und anderen Verlusten

Wie es Sigmund Freud in seiner so vorausschauenden Arbeit »Trauer und Melancholie« (1917e) gezeigt hat, können Verluste von Liebesobjekten Introjekte (Freud nannte die Introjektion »melancholische Identifikation«) verursachen, die wie die Gewaltintrojekte Schuldgefühl erzeugen; das Schuldgefühl stellt eine Verbindung zum verlorenen Objekt her, es tritt an seine Stelle. Aufgrund der großen Ambivalenz von Liebe und Aggression – nicht zuletzt wegen des Verlassen-worden-Seins – kann der Verlust aber nicht betrauert werden, der Verlorene kann nicht beschuldigt werden, denn das würde die ganze Aggression ihm gegenüber frei machen. Also beschuldigt sich der Verlassene selbst, den Verlorenen nicht genug geliebt, ihn nicht gerettet zu haben, bzw. das Introjekt macht ihm Schuldgefühle. Diese Dynamik findet sich regelmäßig bei den Hinterbliebenen von Suizidanten, befördert noch durch ein Tabu, über den Selbstmord zu sprechen, sodass besonders Kinder mit ihrem Schuldgefühl allein gelassen werden. Über diesen Anteil des traumatischen Schuldgefühls lässt sich anteilsmäßig immer ein Überlebenden-Schuldgefühl finden.

Wenn das Kind sich schuldig fühlt, als ob es den Vater getötet hätte, zum Beispiel, weil es ihn nicht genug geliebt habe oder wütend auf ihn gewesen sei, dann ist es eine sekundäre Erklärung, die auch eine Erleichterung darstellt: Wie beim Überlebenden-Schuldgefühl hätte das Kind wenigstens etwas bewirkt, wenn auch etwas entsetzlich Negatives, sodass es nicht ganz ohnmächtig dem sonst Unbegreiflichen gegenübersteht. Der primäre Mechanismus ist eben die von Freud entdeckte Introjektion des Verlorenen, das Introjekt macht Schuldgefühle.

> In einem Fall aus meiner Praxis (Hirsch, 2017 [1997], S. 249), den ich zuvor schon erwähnt habe, war es die enttäuschte Vatersehnsucht, die die Wut des Kindes verursachte. Aber die Aggression konnte erst nach Jahren der analytischen Therapie als solche erkannt und retrospektiv erlebt werden. Die Patientin hatte gedacht, *ihre Wut* hätte auf magische Weise den Vater getötet, der sich suizidiert hatte, als sie sieben Jahre alt war. Im Grunde war es umgekehrt; sie war wütend, weil er schon vor dem Selbstmord weite Strecken psychisch tot war, für das Kind nicht zur Verfügung stand. Im Laufe der Therapie wurde deutlich, dass das Kind überzeugt war, dass der Vater krank im Kopf gewesen sei (seine Depression), er bekam ja auch Medikamente, und die Introjektion der Gewalt des Vaters und die Identifikation mit ihr bewirkten in diesem Fall die hartnäckige hypochondrische Überzeugung, an einem Hirntumor zu leiden.

Die einzige (!) Möglichkeit, dieses und überhaupt jedes Introjekt kleiner werden zu lassen, ist zu trauern. Es war ja

Freuds Entdeckung, dass der Depressive (»Melancholie«) nicht in der Lage ist zu trauern. Trauer ist ein Prozess, Freud (1917e) hat das schöne Wort *Trauerarbeit* gefunden, der eine Trennung vom inneren, außen verlorenen Objekt bedeutet. Der Depressive erhält das Objekt, er behält es in seiner Brust. So kann man auch jede psychodynamische Psychotherapie als Trauer- und Trennungsarbeit verstehen: Trennung von den verinnerlichten (Gewalt-)Objekten.

Natürlich hängt die gelingende Trauerarbeit eines Kindes davon ab, ob die umgebenden Erwachsenen ihrerseits trauern können, wie soll es das Kind können, wenn die Erwachsenen dazu unfähig sind. Trauer wird auch besonders verhindert, wenn ein Tabu verbietet, über den Verstorbenen zu sprechen; insbesondere nach einem Suizid sind die Hinterbliebenen – schuldbeladen – stumm, ebenso im Falle schwerer politischer Verbrechen, die empfindliche Strafen bis hin zur Todesstrafe nach sich ziehen. Trauer ist auch nur möglich, wenn man von dem Verlorenen ein möglichst realistisches Bild vor Augen hat, völlige Idealisierung oder im Gegenteil extreme Entwertung behindern das Trauern, denn dazu braucht man sozusagen etwas Anfassbares, ein realistische Bild (vgl. Hirsch, 2001). Wichtig ist auch, schon kleine Kinder am Ritual der Bestattung teilnehmen zu lassen, sie den Leichnam ansehen zu lassen (was ja ein basales Bedürfnis ist, auch ihn zu berühren), damit der Tod als real erlebt werden kann und kein Phantom zurückbleibt.

Traumatisierung durch politische Gewalt

Die Vorstellung der Internalisierung der traumatisierenden Gewalt durch Implantation vonseiten des Täters und Introjektion durch das Opfer findet sich in vielen Untersuchungen zu den Folgen politischer Gewalt. Zu erwachsenen Opfern massiver traumatischer Gewalt wie Folter, Vergewaltigung oder KZ-Haft finden sich in der Literatur Mitteilungen über das Eindringen der äußerer Realität in die Psyche, das zur Zerstörung der Identität des Opfers führt (z.B. Amati, 1977, 1990; Amigorena & Vignar, 1979 [1977]; Bettelheim, 1979; Ehlert & Lorke, 1988). Silvia Amati (1990) nennt die Implantation »Durchtränkung«; die Introjektion und die Bildung einer entsprechenden inneren Instanz (Introjekt) beschreiben Horatio Amigorena und Marcelo Vignar folgendermaßen: »Das totalitäre Regime […] dringt gewaltsam in die psychische Welt ein […], etabliert sich als inneres System, […] als Struktur des Subjekts«, das die Autoren als »tyrannische Instanz« im Opfer bezeichnen (1979 [1977], S. 610). Heute spricht man angesichts der gravierenden psychischen und physischen Folgen von posttraumatischer Belastungsstörung, zu der massive Schuldgefühle des Opfers gehören – jedes Introjekt macht Schuldgefühle.

Als ein Beispiel für ein Schuldgefühl aufgrund der basalen vitalen Bestrebung, leben und überleben zu wollen, haben wir zuvor bereits vom Überlebenden-Schuldgefühl gesprochen. Darüber hinaus hat William G. Niederland (1961, 1966, 1981), wie bereits erwähnt, bei vielen Überlebenden des KZ-Terrors ein »Überlebenden-Syndrom« festgestellt, in dem das Überlebenden-Schuldgefühl begründet liegt, aus dem verschiedene charakteristische Symptome resultieren. Niederland beschreibt das »Überlebenden-Syndrom« folgendermaßen: Es ist bestimmt von

1. einer durchgehenden depressiven Stimmung mit der Tendenz zum Rückzug, zur Apathie, zur Hilflosigkeit, zur Unsicherheit, zum Mangel an Initiative und Interesse. Gelegentlich erfolgen kurzzeitige Wutausbrüche;
2. einem ernsten und anhaltenden Schuldkomplex mit weitreichender pathologischer Signifikanz;
3. verschiedensten Somatisierungen, psychosomatischen Krankheiten und hypochondrischen Symptomen;
4. Angst- und Erregtheitszuständen, die Schlaflosigkeit, Albträume, motorische Unruhe und innere Spannung verursachen;
5. Persönlichkeitsveränderungen, Unterbrechung der ganzen Reifungsentwicklung (insbesondere bei Patienten, die in frühem Lebensalter in Konzentrationslager gebracht wurden); und
6. psychotischen oder psychoseähnlichen Störungen mit Wahnsymptomatik, insbesondere paranoiden Zügen.

Im Zentrum des Überlebenden-Syndroms (»survivor-syndrome«) sieht Niederland (1961, 1966, S. 469) einen Schuldkomplex, ein

Überlebenden-Schuldgefühl, das zweifach determiniert ist, und zwar

1. als Gefühl der Schuld, die toten Familienangehörigen und Kameraden überlebt zu haben, als ob sie auf ihre Kosten überlebt hätten, und
2. aufgrund der Identifikation mit den Angreifern, die erfolgt, um die narzisstische Entleerung zu mildern, der Identifikation mit seinen Vorstellungen und sogar Taten.

Hier finden wir wieder die zwei Formen der Identifikation mit dem Aggressor: Einerseits schreibt sich das Opfer die Schuld am Tod von so vielen Mitgefangenen zu und nimmt den Tätern die Schuld ab, andererseits kann sich das Opfer derart mit den Tätern identifiziert haben, dass es ihnen tragischerweise nacheifern möchte, natürlich mit der Illusion, so an der Macht der Täter partizipieren und mit größerer Wahrscheinlichkeit überleben zu können.

Transgenerationale Weitergabe traumatischer Gewalt

»Schwere Traumata […], die nahe Angehörige des Kindes, insbesondere die Mutter, getroffen haben, können direkt so erfahren werden, als seien sie ihm selbst geschehen, wenn es sich in einen Stadium oder Zustand befindet, in dem projektiv-introjektive Mechanismen vorherrschen« (Greenacre, 1967, S. 151). Das traumatische Introjekt, das fremdkörperartige, feindliche Über-Ich, wirkt in verschiedene Richtungen: Das Opfer unterwirft sich masochistisch, wie wir gesehen haben, es kann sich aber auch sekundär identifizieren, sodass wieder eine sadistische Täterschaft entsteht, und es kann zu Impulsdurchbrüchen kommen. Im Grunde sind die verschiedenen Identifikationen bereits Teil einer transgenerationalen Transmission (Kogan, 1990b), denn das Opfer wirkt auf die eigenen Kinder, sei es als Identifikationsvorbild für masochistische Unterwerfung oder weil es die Kinder nicht schützen kann wegen dieser Form der Identifikation mit dem Aggressor oder weil es direkt zum Täter an der folgenden Generation wird. Auf verborgenen Wegen werden in oft unheimlicher Form Inhalte, die der ursprünglichen Traumatisierung entnommen sind, an die nächsten Generationen weitergegeben. Die traumatischen Erfahrungen der Eltern werden als Fremdes den Kindern kaum merklich implantiert, sie bilden nun im Kind einen Fremdkörper, ein transgenerationales Introjekt, wie ich es nennen möchte. Das umfassendste Beispiel wäre das kollektive Schuldgefühl (nicht kollektive Schuld, die es nicht gibt) der Deutschen nach Beendigung des Nazi-Terrors, seien nun die Eltern Täter oder Opfer gewesen, ihre Schuld oder ihr Schuldgefühl wird zum Schuldgefühl ihrer Kinder. Besonders eindrucksvoll schildert Maya Lasker-Wallfisch (2020) die Mechanismen und Folgen der Holocaust-Traumatisierung in der zweiten Generation und deren Bewältigung am Beispiel ihres eigenen Schicksals.

Wenn die psychoanalytische Psychotherapie stagniert, sich ein Gefühl einstellt, vor einer Mauer oder in einer Sackgasse gelandet zu sein, sollte man an Traumata und Familiengeheimnisse in den Vorgenerationen denken (die andere Möglichkeit ist, sich zu fragen, ob und wie das neugeborene Kind damals willkommen war, auch im Unbewussten der Eltern). Viele Begriffe sind für die Weitergabe psychischer Inhalte auf identifikatorisch-introjektiven Wegen von einer Generation zur nächsten gefunden worden, Haydée Faimberg (1987) spricht von *telescoping* der Generationen, Ilany Kogan (1990b) arbeitet mit dem Begriff der *transgenerationalen Transmission.*

Die Folgen von Extremtraumata für die zweite und die folgenden Generationen sind meist bei Nachkommen Überlebender des Naziterrors beschrieben worden (Grubrich-Simitis, 1979; Kogan, 1990a, b; M.S. Bergmann, 1995; M.V. Bergmann, 1995), besonders der Zwang, sich in die Eltern einzufühlen, um ihre nicht mitgeteilte Geschichte zu erfahren und stellvertretend für sie ihre ungelebten Emotionen zu empfinden und damit zu einem Begriff zu kommen, wer sie wirklich sind. Die Kinder versuchen, sich empathisch in die Eltern einzufühlen, in einer Art Rollenumkehr sorgend einen Defekt der Eltern zu heben (Grubrich-Simitis, 1979, S. 1006). Sie sollen

> »für die Eltern die Brücke zum Leben sein […], eigentlich wiederum in Verkehrung der natürlichen Folge das psychische Leben schenken; sie sollen die verlorenen idealisierten Liebesobjekte ersetzen, gleichsam in deren abgebrochene

> Biographien schlüpfen und dort zu leben anfangen, wo diese zu leben aufhören mussten« (ebd., S. 1008).

Sie grübeln qualvoll über die Vergangenheit der Eltern (ebd., S. 1013), versuchen die Leere mit Inhalt zu füllen, Symbole zu finden, wenn sie nicht wiederum zum konkretistischen Agieren gezwungen sind. Daraus entstehen Schuldgefühle, weil diese unerfüllbaren Aufgaben nie bewältigt werden können, das Kind sich aber mit diesen Aufträgen im Sinne der Rollenumkehr identifiziert (als ob sie berechtigt wären) und, da es ihnen nicht gewachsen ist, sich die Schuld an dem Versagen gibt.

Der Freund einer Patientin aus meiner Praxis, der lange nach dem Krieg geboren wurde und dessen Eltern beide Überlebende des KZ Auschwitz waren, entwickelte panische Ängste, auf ihn könnte durch das geschlossene Fenster geschossen werden, sodass er die Abende auf dem Boden liegend verbrachte in einer Zeit, in der eine rechtsradikale Gruppe in einer weit entfernten Gegend Deutschlands Schlagzeilen machte (Hirsch, 2017 [1997], S. 262f.).

Das traumatische Introjekt kann einmal die gleichen Symptome bewirken wie das Trauma in der ersten Generation: Angst, Depression, Schuldgefühl, Somatisierungen, Lebendig-tot-Sein. Die Schuldgefühle der nicht direkt, sondern wegen der transgenerationalen Transmission mittelbar Betroffenen entsprechen den traumatischen Schuldgefühlen der Vorgeneration, hier bewahrheitet sich Freuds Gedanke von dem *entlehnten* Schuldgefühl, eines, das von jemandem übernommen wurde (1923b, S. 279).

Reale Schuld in der Vorgeneration

Wenn wir Patienten in der zweiten oder dritten Generation nach den unfassbaren Verbrechen der Nazi-Deutschen in Psychotherapie nehmen, müssen wir damit rechnen, dass wir nicht nur den Nachkommen der Opfer (in Deutschland bestimmt seltener als in den USA oder Israel) begegnen, sondern auch denen der Täter. Die Schuld solcher Täter wird in der Familie oft verborgen gehalten im Sinne eines Familiengeheimnisses, und weil darüber nicht gesprochen wurde, kann die Schuld in der Vorgeneration aufgrund einer unbestimmtem Familienatmosphäre von Geheimnis und Bedrohung umso eher im Kind Schuldgefühle erzeugen, so als wäre das Kind falsch oder schlecht, jedenfalls die Ursache des Unausgesprochenen, des Bösen.

> Eine Patientin berichtete, dass in der Großelterngeneration vier Brüder waren, einer von ihnen war also der Großvater, der zusammen mit einem anderen während der Nazizeit zwei Brüder denunzierte, dem einen wurde politische Unangepasstheit untergeschoben und der andere als psychisch krank angezeigt; beide Brüder verschwanden in den entsprechenden Institutionen. Im Zusammenhang mit der Bearbeitung des ziemlich feindlichen Über-Ich der Patientin sprach sie plötzlich von ihrem »inneren Volksgerichtshof«, und wusste gar nicht, wie sie auf diesen Begriff gekommen sei.

Solche Familiengeheimnisse beinhalten nicht nur schwere Verbrechen und die entsprechende Strafe, sondern können viel alltäglicher sein: unehelich geboren sein, Prostitution eines Familienmitglieds, Konkurs einer Firma, Erbschleicherei etc. Reale Schuld in der Vorgeneration muss also neben Verlust und Gewalt in dieser Vergangenheit für die Entstehung transgenerationaler, fremdkörperartiger Introjekte in Betracht gezogen werden. Ähnlich wie der Täter seine Schuld dem Opfer implantiert und in diesem ein Schuldgefühl entsteht, übernehmen auch die Kinder des Täters seine Schuld introjektiv und durch Identifikation, auch sie entwickeln Schuldgefühle, auch hier kann man von einem *transgenerationalen Introjekt* sprechen.

Während auf diese Weise in der zweiten (und dritten) Generation aufgrund der weitergegebenen unterwerfenden Identifikation mit dem Aggressor die Schuldgefühl beladene Opferidentität perpetuiert wird, gibt es auch wieder eine »männliche« Form des Umgangs mit dem aus der Vorgeneration übernommenen Schuld-Introjekt, nämlich die identifikatorische Nachahmung aufgrund einer sekundären Identifikation, eine Art nicht gelingender Selbstrettungsversuch durch Schaffung neuer Opfer.

> Ich habe über einen Jungen berichtet, der der Enkel eines hochrangigen Nazi-Offiziers war, der den Vater des Jungen

nach seiner Haftentlassung extrem aggressiv behandelt hatte. Dieser Vater war nicht in der Lage, für seinen Sohn, den Patienten, da zu sein; schließlich verließ er die Familie. In der Kindertherapie zeigte der Junge sein aggressives Potenzial in vielfältigen brutalen Zeichnungen, und natürlich war es so interessant wie logisch, dass sich darunter auch die Konstruktionen von Menschenvernichtungsmaschinen befanden (Hirsch, 2000, 2017 [1997]).

Ein anderer Patient war der Sohn eines bekannten Psychiaters, der an der Planung und Ausführung der Vernichtung psychisch Kranker beteiligt gewesen war. Dieser Vater brachte sich noch in der Haft um, in einem Brief seine Unschuld beteuernd. Das zentrale Problem des Patienten bestand in extremen Selbstzweifeln, wer er sei, woher er komme, wozu er da sei und ob er nicht psychisch schwer krank sei. Er hielt sich im Grunde für so wenig wert, dass er die vielen Beziehungen, die er einging, immer wieder abbrach und die jeweiligen Partnerinnen so fallen ließ, wie er selbst von seinem Vater verlassen worden war.

Nicht nur die im Laufe des Lebens selbst gemachten Erfahrungen beeinflussen die Entwicklung des Kindes und auch noch die des Erwachsenen im positiven und negativen Sinn, sondern auch die von den Eltern und Großeltern gemachten nehmen Einfluss auf die Entwicklung. Sigmund Freud (1923b, S. 279) hatte wohl eine Ahnung davon, wenn er vom entlehnten Schuldgefühl sprach, von einem Schuldgefühl, das ein Anderer hatte oder hätte haben müssen, sicher dachte Freud auch an die Schuld eines Anderen. Familiengeheimnisse, in den Vorgenerationen erlittene Traumata, nicht anerkannte Schuld, nicht genügend betrauerte Verluste, auch Verluste der Heimat durch Vertreibung und Flucht, müssen heute in der analytischen Psychotherapie berücksichtigt werden. Nicht so sehr Triebkräfte und die Konflikte mit ihnen stehen im Vordergrund, vielmehr sind es Identifikationen (mit dem Aggressor), die starke Bindungen an die Primärobjekte bedeuten und der Aufrechterhaltung der Beziehungen zu ihnen dienen, die für das Kind (und in der Fantasie für den Patienten) lebensnotwendig sind.

Therapeutische Aspekte

Eine »Therapie des Schuldgefühls« und erst recht eine Therapie der Schuld kann es nicht geben, wenn auch das Schuldthema in jeder Psychotherapie traumatisierter Patienten eine große Rolle spielt. Es gibt jedoch einige Besonderheiten der Therapie traumatisierter Patienten (vgl. Hirsch, 2004), deren Symptomatik von zerstörerischen Introjekten bestimmt ist, die ebenso irrationale wie starke Schuldgefühle hervorrufen, die, wie mehrfach betont, der realen Schuld des Täters entsprechen. Sehr wichtig ist das Bemühen um eine sorgfältige Differenzierung der verschiedenen Schuldgefühlqualitäten. Wenn man sich allein die verschiedenen Schuldgefühlformen des Inzestopfers ansieht, bekommt man einen Begriff, wie verwirrt der Patient über seine inneren Schuld(gefühl)verhältnisse sein muss. Klarheit und Struktur in diese Verhältnisse zu bringen würde einen großen Beitrag leisten, dass die Vorstellungen von fremder und eigener Schuld so realistisch werden, dass er sich von ihnen trennen kann und so die Schuldgefühle geringer werden können. Für die Psychotherapie von traumatisierten Patienten gilt eine Faustregel: Schuldgefühle sollten in der Psychotherapie vermindert, reale Schuld dagegen anerkannt und betrauert werden.

Unschuldsvermutung

Eine erste Therapiephase kann man als Phase der idealisierenden Mutterübertragung bezeichnen. Der Therapeut ist ein globales, »nur gutes« Objekt, und durch die Idealisierung schafft sich der Patient sozusagen selbst die Möglichkeit, seine habituelle Verschlossenheit, sein Misstrauen, seine Verleugnung und Abspaltung der Affekte und das ständige Kontrollieren-Müssen von Beziehungen (Regulierung von Nähe und Distanz bzw. Vermeidung von Trennungsbedrohung) zu umgehen. Donald W. Winnicotts (1974 [1960]) Begriff des *Holding* bezeichnet eine mütterlich haltende Umgebung, in der die kindliche Entwicklung sozusagen vorbehaltlos gefördert wird. Ähnlich spricht Silvia Amati bei der Therapie mit Extremtraumatisierten, zum Beispiel Folteropfern, von der »Unschuldsvermutung«, mit der der Patient unvoreingenommen akzeptiert werden müsse (1990, S. 731). Amati drückt es für die Therapie von Folteropfern so aus: »Die Verfügbarkeit des Therapeuten, der meines Erachtens am Anfang der Kur eher Depositar (Verwahrungsnehmer) und alternatives Identifizierungsobjekt als Übertragungsobjekt ist, scheint von wesentlicher Bedeutung zu sein« (ebd.). Heute ist der Begriff *Containing* in diesem Zusammenhang Allgemeingut.

Besonders in einer ersten Phase der Therapie ist eine solche Akzeptanz notwendig, damit eine tragfähige Beziehung entstehen kann, denn diese Patienten sind gezwungen, Beziehungen ständig zu kontrollieren (Volkan & Ast, 1992, S. 107), Nähe abzuwehren, Affekte zu verleugnen und abzuspalten und sie projektiv in der Außenwelt zu sehen. Die Angst und die Scham, in ihrem Wesen erkannt zu werden, wenn eine größere Nähe entsteht, spielt hier mit hinein. Deshalb sind Deutungen, insbesondere Übertragungsdeutungen, anfangs zu vermeiden, weil sie als Intrusionen, auch als Schuldzuweisung erlebt werden können, ebenso Konfrontationen, auch mit den destruktiven, selbstschädigenden Verhaltensweisen, solange sie nicht ein extremes Ausmaß annehmen.

Das Holding bedeutet also in der Anfangsphase ein unterstützendes Begleiten und vorwiegendes Bestätigen der Auffassungen und Wahrnehmungen des Patienten hinsichtlich seiner Selbst und seiner Umwelt in Vergangenheit und Gegenwart sowie die Spaltung der Objektrepräsentanzen in »nur gut« und »nur böse« stehen zu lassen und nicht zu relativieren. Gegensätzliche Auffassungen, die der Patient noch nicht tolerieren kann, insbesondere Übertragungsdeutungen, die ja dem Patienten die Ursache, die »Schuld« am Beziehungsgeschehen geben würden, werden zu leicht als Grenzschwächung oder gar -verletzung erlebt. Ebenso wenig dürfen in dieser ersten Phase Konfrontationen stattfinden bezüglich des destruktiven und auch sexuell promiskuösen Verhaltens, nicht einmal mit selbstschädigendem Agieren, wenn es nicht extreme, bedrohliche Ausmaße annimmt, denn derart vorzeitige Konfrontationen werden anfangs als Schuldzuweisung und Übergriff erlebt. Kommen die traumatischen Erfahrungen zur Sprache, ist eine erste Wut auf den Täter, aber auch auf den anderen Elternteil, der das Kind nicht hatte schützen können, möglich. Hier ist es die Aufgabe des Therapeuten, die Realität und damit die Schuldverhältnisse zu benennen, zum Beispiel sexuellen Missbrauch als das, was es ist: ein brutaler Mord an der Seele eines Kindes.

Auch wenn es geradezu paradox erscheint, soll man dem Patienten nicht gleich alle Schuld*gefühle* nehmen, ein Gedanke, der auf William R.D. Fairbairn (1952, S. 69) zurückgeht. Denn Schuld*gefühle* sind Ausdruck der Anwesenheit der (wenn auch traumatischen) vertrauten inneren Objekte und der Verbindung zu ihnen, und Fairbairn zufolge würde »die Welt um den Patienten mit Teufeln bevölkert« (ebd.; Übers. d. A.), wenn man ihnen das Schuldgefühl zu schnell wegnähme.

Negative Übertragung

Man kann fordern, dass in jeder wirksamen Psychotherapie negative Gefühle wie Angst und Aggression in der Übertragung gegen den Therapeuten gerichtet werden müssen. Denn die Gewalt, die damals erlitten wurde, soll in der Übertragung so wiedererlebt werden, dass alle Affekte, die damals nicht entstehen konnten und die lange unterdrückt werden mussten, auf den Therapeuten gelenkt werden, als wäre er der Täter. Jetzt kann der Patient anders als damals in der Kindheit die Realität besser sehen, kann besser Grenzen zwischen sich und dem Anderen ziehen. Die Voraussetzung für die Durcharbeitung der negativen Gefühle (Aggression, Angst, Paranoia) in der Übertragung ist aber, dass der Patient ein Gefühl des Als-ob behalten kann, eine Gewissheit, dass der Therapeut nicht real feindlich und allein *schuldig* an dem Konflikt mit ihm ist, wenn er auch so erlebt wird. Der Patient sollte eine Ahnung haben, dass die heftigen Gefühle auch mit ihm selbst zu tun haben. Manche schwerer gestörten Patienten sind dazu nicht in der Lage, was ein großes Hindernis sein oder zum Therapieabbruch führen kann.

Eine Patientin war vom Großvater vom Kleinkindalter an über Jahre hinweg sexuell missbraucht worden, und zwar verbunden mit der gehirnwäscheartigen Aufforderung, sie könne es ruhig allen erzählen, man würde das eben nur mit schlechten Kindern machen, und alle wüssten, dass sie schlecht sei. Diese Patientin konnte ihr Leben partiell meistern durch eine extrem tiefe Spaltung zwischen beruflicher Welt und der Welt der Beziehungen – sexuell war sie entweder gehemmt oder erlebte promiskuöse Sexualität in oberflächlichen sadomasochistischen Beziehungen. Nach ungefähr einem Jahr mit einer fast begeisterten (idealisierenden) Einstellung zu ihrer kombinierten Einzel- und Gruppentherapie teilte sie eines Tages der Gruppe mit, sie habe ein wichtiges Meeting außerhalb und könne deshalb zur nächsten Sitzung nicht kommen. Sie halte nichts davon, jetzt über eventuelle Widerstände oder ihr Unbewusstes nachzudenken, dass sie nicht kommen könne, liege ausschließlich an ihrer beruflichen Realität, und daran wäre auch nichts zu ändern. Ich bestand auf den Therapievertrag, man könne nicht einfach wegbleiben, ohne mit den Anderen gemeinsam zu bearbeiten, was denn wichtiger sei als die Teilnahme an der Gruppe. In der folgenden Einzelsitzung beklagte sie sich mit einer Haltung kopfschüttelnder Befremdung, sie fühle sich nicht als berufstätige Frau verstanden, vielmehr wie ein Kind behandelt von einer ignoranten (männlichen) Autorität. Sie steigerte sich in eine beträchtliche Wut hinein, empfand mich als autoritär, ich würde ihr in keiner Weise gerecht werden. Ich bestand darauf, dass es hier noch nicht einmal darum ginge, ob sie zu jeder Sitzung komme oder nicht, sondern dass es hier um die Beziehung gehe, die sie missachte, wenn sie nicht authentisch kommuniziere, ob sie sich Gedanken gemacht und auch bemüht habe, beide Termine in Übereinstimmung zu bringen. Meine Worte prallten an ihr ab; sie wollte in ihrer Wut die Therapie abbrechen. »Eine derart menschenverachtende Arroganz, mit der Sie meine Bedürfnisse mit Füßen treten, ist mir lange, sehr lange nicht mehr begegnet! Das ist wie ein Schlag in den Unterleib!« – »Den Unterleib?«, frage ich, »sehr lange nicht mehr begegnet? Vielleicht seit 30 Jahren nicht begegnet …?« – »Was meinen Sie denn … ach ja, aber das war ja der Missbrauch.« Plötzlich wurde sie von Weinen geschüttelt. Damals habe sie keine Chance gehabt, die Wut zu haben, die sie heute habe, erklärte ich. Und sie habe nichts tun, nicht einmal weggehen können. Heute könne sie gehen, die Therapie abbrechen, sie sei nicht so existenziell abhängig von jemandem, den sie als menschenverachtend erlebe. Zum Schluss der Stunde sagte sie: »Jetzt finde ich Sie gar nicht mehr so schlimm …«

Negative therapeutische Reaktion

Sigmund Freud (1916d) sprach zuerst von einem unbewussten Schuldgefühl, das für ein »Scheitern am Erfolg« verantwortlich sei. Erfolg aber bedeutet Fortschritt, Progression, Loslösung; ein Scheitern bedeutet, in der Abhängigkeit (von den verinnerlichten Primärobjekten) zu bleiben. Freud definierte die negative therapeutische Reaktion dann in *Das Ich und das Es* in Bezug auf den (fehlenden) therapeutischen Fortschritt: Bei bestimmten Personen würde jede Teillösung in der Analyse paradoxerweise eine Verschlechterung des Symptoms zur Folge haben. In der Hauptsache handele es sich »um ein Schuldgefühl, welches im Kranksein Befriedigung findet und auf die Strafe des Leidens nicht verzichten will« (S. Freud, 1923b, S. 279). Das Schuldgefühl ist unbewusst, denn der Kranke fühlt sich nicht schuldig, es äußert sich als Widerstand gegen den Fortschritt, gegen die Genesung. Und es ist »entlehnt«, stammt also von »einer anderen Person« (ebd.), von seinem Schuldgefühl oder seiner Schuld. Dabei ist unbedingt zu beachten, dass keinesfalls jede Verschlechterung der Symptomatik, jede negative Entwicklung der Übertragungsbeziehung bereits als negative therapeutische Reaktion definiert werden sollte. Zur Definition gehört immer ein *positives* Element der Therapie (Fortschritt), auf das paradoxerweise *negativ*, also mit Symptomverschlechterung, reagiert wird. Dazu gehören korrekte Deutungen (so schwer ihre sichere Definition auch fallen dürfte), Aufdeckung oder Aufklärung, auch positive Beziehungsanteile wie empathische Nähe oder Über-Ich-Entlastung. Oft hat der Analytiker nach einer gelungenen Stunde ein zufriedenes Gefühl (Grunert, 1979, S. 1; Anzieu, 1991 [1985], S. 210), das durch die negative therapeutische Reaktion in der nächsten gründlich zerstört wird. Man könnte auch einfach von »paradoxer therapeutischer Reaktion« sprechen. Das Prinzip der negativen therapeutischen Reaktion ist, dass die Therapie dem Patienten gewisse Fortschritte ermöglicht hat, die ihn aber sozusagen von den inneren Objekten, die ihn festhalten wollen, weg bewegt. Dadurch wird der Therapeut böse, feindlich, es findet sich ein Anlass, ihn so zu erleben, und der Patient kehrt wodurch auch immer zu den alten Objekten zurück (nicht nur durch Symptomverschlechterung, sondern auch zum Beispiel durch Wiederaufsuchen destruktiver Partnerbeziehungen) (Hirsch, 2013). Schon Freud fiel die Schwierigkeit auf, das unbewusste Schuldgefühl in der Therapie zu mildern: »Der Kampf gegen das Hindernis des unbewußten Schuldgefühls wird dem Analytiker nicht leicht gemacht. Man kann direkt nichts dagegen tun, indirekt nichts anderes, als dass man langsam seine unbewußt verdrängten Begründungen aufdeckt, wobei es sich allmählich in bewußtes Schuldgefühl verwandelt« (S. Freud, 1923b, S. 279).

> Eine Patientin begann wegen extremer Examensprobleme eine Analyse; sie saß bereits Jahre an einer Examensarbeit, ohne sie voranzubringen. Die Herkunftsfamilie der Patientin bestand aus dem Vater, einem sehr bekannten hohen Richter, seiner Frau (die früh ihren Beruf aufgegeben hatte) und vier Töchtern, von denen die Patientin die älteste war. Alle fünf Frauen hatten ihr Leben um den Vater und seine Bedürfnisse herum geordnet; die Mutter hatte den Töchtern eine Haltung vorgelebt, die nichts weniger bedeutete als die Aufgabe jeder selbstständigen Entwicklung zugunsten des Oberhaupts der Familie.
>
> In einer Sitzung ging es um das bestandene Examen des Freundes der Patientin, dem sie unter Vernachlässigung ihrer eigenen Arbeit sehr geholfen hatte. »Wie soll das jetzt nur werden, wo er fertig ist, während ich so lange herum-

krebse! Ich habe keine Lust, ihm immer nachzuhängen.« Bisher hatte sie ihm immer »nachgehangen«, war also sowohl in ihrer Prüfungsarbeit weit zurück, weil sie ihm auch alles nachgetragen hatte, was er brauchte, wie damals dem Vater. Tatsächlich hatte sie Angst, dass er jetzt, wo sie ihre Schuldigkeit getan hatte, gehen könnte. In dem Moment ging mir durch den Kopf, dass ihr Vater Heinrich heißen könnte – die Patientin hieß Henrike – und fragte danach. Tatsächlich! Die Patientin schaltete sofort: Die Eltern hätten wegen der Schwangerschaft mit ihr sehr früh geheiratet, und dann sei sie auch noch ein Mädchen gewesen, das eigentlich ein Junge – Heinrich – hätte sein sollen, dann habe man sie eben Henrike genannt. Es fällt ihr ein, dass es bei Wilhelm Busch eine Stelle gibt: »Nur ein Mädchen, ach herrje …«

Ich hatte an dieser Stelle das befriedigende Gefühl, etwas Bedeutendes – die Patientin sollte ein Junge sein – entdeckt zu haben, das auch der Patientin nutzen würde. In die nächste Sitzung aber kam die Patientin depressiv, abgehetzt, etwas zu spät. Sie habe nach der letzten Sitzung nichts (für ihre Arbeit) tun können, sei depressiv gelähmt gewesen und habe sich nicht anders zu helfen gewusst, als zu ihren Eltern aufs Land (einige 100 km weit) zu fahren, um ein wenig auszuspannen. Sie sei bis heute morgen geblieben, deshalb habe sie der Vater fahren müssen; eigensinnig wie er sei, habe er unbedingt über die Post-, ach nein, Oststraße fahren wollen (die Patientin verspricht sich: In der Poststraße liegt die Stadtwohnung der Eltern, in der die Patientin aufgewachsen ist!), wo natürlich ein Stau gewesen sei, sodass der Vater sie direkt in die Praxis hatte fahren müssen und jetzt im Auto vor der Tür warte. Ich empfinde Ärger, fühle mich hintergangen, als ob ich für meine gute Arbeit nicht nur keinen Lohn, sondern vielmehr einen Tritt bekommen hätte, denn anstatt nach der »guten Stunde« zu arbeiten, Fortschritte zu machen, ging die Patientin zu dem Mann zurück, der sie doch seit jeher durch subtilen narzisstischen Missbrauch an sich gebunden hatte und nun vor der Tür darüber wache, dass sich seine Tochter (mit einem anderen Mann, dem Therapeuten!) nur nicht zu weit entferne.

Gegenübertragung und Schuldgefühl

Natürlich liegt es nahe und ist es legitim, sich mit dem Opfer, dem Kind, das damals familiärer Gewalt ausgeliefert war, zu identifizieren. Wie schon beschrieben, soll der Patient erst einmal vorbehaltlos angenommen werden. Mit dieser *konkordanten Identifikation* soll sich ja auch der Patient identifizieren: Das Kind von damals verstehen, die Ursprünge der Gewalt und die Schuldverhältnisse realistisch sehen lernen. Allerdings sollte man immer daran denken, dass dieses »Kind« auch an den Eltern hängt, so gewalttätig sie auch waren. Deshalb nimmt man dem Patienten nicht zu früh die Schuldgefühle, die eine starke Bindung an die Primärobjekte darstellen. Leonard Shengold erinnert uns daran, dass es für das Opfer »unmöglich ist, ohne die innere Anwesenheit des Aggressors zu existieren, des Seelenmörders, mit dem das Opfer sich identifiziert hat [...]. Im Bedürfnis nach der Bindung an die Eltern liegt der Kern des Widerstands gegen Veränderung« (1989a, S. 321).

Eine Überidentifikation mit dem Patienten als Opfer wird also in keiner Phase der Therapie angemessen sein, eine gewisse Skepsis gegenüber der Fähigkeit des Patienten zur Trennung ist durchaus angebracht, man wird aber dem Patientien diese Zurückhaltung nicht gleich mitteilen, sondern im Sinne des Containing erst einmal zurückhalten. Man kann auch daran denken, dass sich die Identifikation mit dem Kind von damals komplementär gestaltet, den Gefühlen (und dem Agieren) der Eltern entsprechend, die seit jeher dachten, das Kind solle sich nicht so »anstellen«, da wäre doch nichts ... Der Therapeut könnte meinen, die Schuldgefühle sind doch irrelevant, denn da sei doch gar keine Schuld.

An der Dynamik der negativen therapeutischen Reaktion im geschilderten Fallbeispiel von der Patientin mit der Unfähigkeit, ihre Examensarbeit voranzubringen, wurde schon klar, dass zwei Kräfte wirken, die auch widerstreitenden Über-Ich-Anteilen entsprechen: Die eine Kraft hält sie bei den Eltern fest oder zieht sie zu ihnen zurück, die andere möchte sich befreien, auch die Opferidentität hinter sich lassen. Wenn jetzt die rückwärtsgewandten Kräfte die Oberhand gewinnen, Rückfälle in destruktives Verhalten und in eine destruktive Symptomatik geschehen, liegt eine andere Gegenübertragungsgefahr nahe: Der Therapeut könnte ärgerlich werden, denn seine große Mühe, dem Patienten dabei zu helfen, sich abzunabeln, wird mit Füßen getreten. Hoffentlich lässt der Therapeut seine Wut nicht unkontrolliert heraus, sondern kann sie dem Patienten so sublimiert kommunizieren, dass er sie zu seinem Nutzen verwenden kann.

Nicht nur Ärger, sondern auch Kränkung wäre eine Gegenübertragungsreaktion, verbunden mit dem Gefühl, der Patient sei undankbar. Das wäre eine *komplementäre Identifikation* in der Gegenübertragung, der Therapeut hätte genau jene Gefühle, die Eltern entwickeln, die ihre adoleszenten Kinder nicht gehen lassen können. Auch hier ist es natürlich wichtig, die Gefühle des Therapeuten zur Diagnostik zu gebrauchen und nicht etwa ungefiltert in die Beziehung einzubringen.

An *projektive Identifikation* denkt man, wenn den Therapeuten endlose Gefühle der Ohnmacht und Hilflosigkeit befallen, Gefühle, die das Kind damals schon im Keime ersticken musste. Zweifel am Erfolg der Therapie, an der eigenen Identität und dem Sinn der Psychotherapie überhaupt lassen sich oft auf innere Zustände und unbewusste Fantasien des Patienten zurückführen – und wenn die Selbstanalyse dazu nicht ausreicht, muss eine Supervision herangezogen werden.

Differenzierung von Schuld und Schuldgefühl

Im Zusammenhang mit dem Schuldgefühlthema halte ich es für die Hauptaufgabe einer psychodynamischen Psychotherapie, die verschiedenen Schuldgefühlbereiche voneinander und auch von gegebenenfalls vorliegender realer Schuld zu differenzieren. Welche vielfältigen Schuldgefühlqualitäten man unterscheiden kann, haben wir am Beispiel des Inzestopfers gesehen; Basis-, Trennungs- und Vitalitätsschuldgefühle mischen sich häufig mit traumatischen. Besondere Aufmerksamkeit verdient die Unterscheidung von Schuldgefühl und *realer Schuld*. »Der Psychotherapeut, der die Schuldgefühle eines einsamen Menschen behandelt, muss unterscheiden zwischen den Wunden und Narben eines verwundeten Narzissmus und realistischer existentieller Schuld« (Weigert, 1960/61, S. 543).

Reale Schuld auch des Opfers entsteht durch Handeln oder Unterlassen aufgrund der Identifikation mit der einmal erlittenen Gewalt und ihrem Introjekt; es ist klar, wenn die sekundäre Identifikation dazu führt, dass man in Nachahmung des Täters wiederum Schaden anrichtet, entsteht Schuld. Aber auch durch das Festhalten an der Opferidentität (primäre Identifikation) kann man sich schuldig machen; jeder Mensch ist nicht nur seinen Mitmenschen gegenüber verantwortlich, schuldhafte Tat zu vermeiden, sondern auch sich selbst gegenüber verpflichtet, sein Leben optimal zu gestalten. Gelingt das nicht genügend, ist das Objekt des schuldhaften Handelns das eigene Selbst, das eigene Leben, als würde man der Anweisung des feindlichen Objekts (bzw. des Introjekts) Folge leisten.

> Ich denke an eine Patientin, deren Existenz bereits unerwünscht war, denn sie sollte abgetrieben werden (Basis-Schuldgefühl), deren Vater sich suizidierte, als sie anderthalb Jahre alt war (Schuldgefühl aufgrund des frühen traumatischen Verlusts), die dann Partnerersatz für die Mutter sein musste (Rollenumkehr), selbstverständlich damit überfordert war und entsprechend Schuldgefühle entwickelte, dieser Aufgabe nicht genügend gerecht zu werden. Aufgrund mangelnden Selbstwertgefühls und mit ungelebter Aggression verbundener Vater-Sehnsucht erfolgte eine Partnerwahl, aus der eine derart unerträgliche Ehe resultierte, dass die Patientin ihre Kinder ebenso abrupt – schuldhaft – verließ, wie sie damals von ihrem Vater ohne Abschied verlassen worden war. Eine solche Abfolge ist ebenso tragisch wie alltäglich; die Aufgabe in der Psychotherapie ist, die verschiedenen Schuldgefühlqualitäten sozusagen mikrochirurgisch zu differenzieren und auch den Anteil an – tragischer, weil unausweichlicher – Schuld zu benennen (vgl. Hirsch, 2017 [1997], S. 264f.).

In der Supervision einer analytischen Einzeltherapie begegnete mir ein Beispiel von Vermengung von Schuld und Schuldgefühl, in dem reale Schuld auf ein schon vorhandenes Schuldgefühl aufgepfropft wurde. Interessanterweise war die Patientin eher in der Lage als ihr Therapeut, Schuld und Schuldgefühl genau zu definieren (ausführlich in Hirsch, 2017 [1997], S. 300ff.):

> Die Patientin hat vor einiger Zeit einen erweiterten Selbstmord zusammen mit ihrer Tochter begehen wollen, sie selbst wurde gerettet, ihre Tochter starb jedoch. Trotz ihres Alkoholismus konnte sie ihre Arbeitsstelle in einem privaten Krankenhaus bisher behalten. Die Patientin differenziert zwei Über-Ich-Stimmen, eine sagt, sie wäre schuldig, die andere, nein, sie wäre es nicht. Schuldig wegen des erweiterten Suizid(versuch)s, unschuldig am Versagen des Telefons, als sie damals Hilfe holen wollte, sodass die Tochter nicht gerettet werden konnte. Darin bestätigt sie der Therapeut, sie solle keine Schuldgefühle deswegen haben. Nach einigen Überlegungen, wie schlimm es sei, dass so viele Menschen so nett zu ihr seien und dass sie zum Beispiel an Krebs erkrankt besser leben könne, kehrt die Patientin zu ihrer Schuld zurück. Sie hatte einen Rückfall in den Alkohol, den sie sich nicht verzeihen kann, obwohl der Chef sie gedeckt hat. Als der Therapeut anmerkt, sie hätte da kein Verständnis für sich, dabei hätte der Chef sie doch entschuldigt, wehrt sie sich heftig und beharrt auf ihrer Schuld. Dann aber empört sie sich darüber, dass sie immer schuld gewesen sei oder sein sollte, immer sei sie schuld gewesen, seit der Kindheit!

Das ist das alte Schuldgefühl der Patientin, das in der analytischen Bearbeitung seine Kraft verlieren soll, indem es auf die wahren Schuldigen von damals zurückgeführt wird (das Schuldgefühl des Opfers ist immer »entlehnt«, wie es Freud entdeckt hat), während die Patientin selbst deutlich zu erkennen gegeben hat, dass sie an ihrer realen Schuld tragen, sie anerkannt haben möchte, worin sie zu bestärken wäre.

Der Sinn der Differenzierung der Schuldgefühlqualitäten und des Anteils an realer Schuld ist die Gewinnung eines realistischeren Bildes der Gewaltverhältnisse damals, die zu bestimmten, verzerrten inneren Bildern von sich selbst und den (Liebes-)Objekten geführt haben, und zwar durch Idealisierung, Schuldübernahme, eigene Entwertung und auch Teilobjektspaltung (»nur gute« Mutter, »nur böser« Vater). Je realistischer diese Bilder sind, desto besser kann man sich von ihnen trennen; eine Patientin schaffte sich auf dem Friedhof ein Ersatzgrab für den im Krieg vermissten Vater, den sie nicht gekannt hatte, um sich etwas »Anfassbares«

zu schaffen. Die hinter den Schuldgefühlen verborgenen Traumata, die Konflikte und Defizite sollen sozusagen besser sichtbar, »anfassbar« gemacht werden, damit man sich von ihnen durch Trauer lösen und sie hinter sich lassen kann.

Ein Beispiel aus einer Gruppenpsychotherapie soll die Differenzierung der Schuldverhältnisse illustrieren:

> Erika kommt aufgeregt verspätet in die Sitzung, unterbricht das Gespräch der anderen und sagt: »Mir ist plötzlich aufgegangen, dass ich, nachdem mich mein Vater einmal missbraucht hatte, alles weitere verhindert habe, indem ich immer die Tür zugeschlossen habe. Ich habe mich immer total schuldig gefühlt, weil ich dachte, ich hätte es nicht verhindert, wie eine Komplizin, aber das stimmt so gar nicht.« Sie habe damals mit ihrer Schwester über den Übergriff geredet und dass sie zum Jugendamt gehen wolle. Die Schwester sei selbst missbraucht worden, habe aber dennoch gesagt: »Tu' das nicht, das bringt Vater ins Grab!« Die Mutter hatte damals einen Freund und hat die Familie verlassen; Erika sagt dazu: »Es ist ein Unterschied, ob eine Mutter aus Schwäche geht oder ob sie die Tochter dem Alten hinlegt! Das eine ist der Entzug der mütterlichen Fürsorge, aber das andere hat was Vernichtendes. Bisher dachte ich, dass sie sich einfach nicht gekümmert hat.« Danach sei auch die Schwester ausgezogen, Erika sei mit dem Vater allein geblieben, sie habe gedacht, er schaffe es nicht allein. Die Gruppe klärt mit einiger Empörung (mit diesem Affekt identifiziert sich Erika) die Schuldverhältnisse: Die Mutter habe die Tochter geopfert, und die Schwester, genauso schlimm, habe sie erst mit moralischen Argumenten, die den Täter schützen sollten, gehindert, den Missbrauch aufzudecken, nur um danach selbst zu gehen und sie allein zu lassen. Erika kann dieser Sicht zustimmen; sie sagt: »Wenn meine Mutter das jetzt alles zugeben könnte, würde es nicht viel ändern an der Beziehung zu ihr, aber sie würde mir was von meinen Schuldgefühlen nehmen.« Natürlich ist das neue Denken nicht in einer Sitzung entstanden, Erikas Therapie hatte schon zwei Jahre gedauert, und sie hatte in dieser Zeit genügend Gelegenheit, am Beispiel der ande-

ren Gruppenmitglieder durch Identifikation zu lernen, wie Opfer sich schuldig fühlen können und wo die tatsächliche Schuld liegt.

Es fällt schwer sich vorzustellen, dass ein Opfer welcher Gewalt auch immer schuldig werden könnte; es kann doch nichts dafür, zum Opfer gemacht worden zu sein. Was aber aus der Gewalterfahrung *entsteht*, liegt in der Verantwortung des Opfers, so sehr man auch versteht, dass es ihr nicht gerecht werden *kann*. In der psychoanalytischen Psychotherapie sollte man genau unterscheiden zwischen dem Opfer, das man gewesen ist (in der Kindheit im Falle familiärer Traumatisierung), und der Verantwortung sich selbst und den Mitmenschen gegenüber, die der inzwischen Erwachsene hat.

Schuld ist definiert durch ein Tun, ein Handeln, mit dem der Eine einen Anderen schädigt, auch sich selbst kann man Schaden zufügen. Schuld entsteht auch, wenn man nicht in der Lage ist, seiner Verantwortung gerecht zu werden; die Schuld entsteht (und bleibt), auch wenn man keine Wahl hatte oder in einem Schuldkonflikt gefangen ist. Ein Vater, der in seiner Kindheit übel misshandelt wurde, verliert die Kontrolle und schlägt sein Kind, er wird ein Schuldbewusstsein entwickeln (wenn er es nicht verleugnet und wegrationalisert), in dem er auch (in der Therapie) bestätigt werden will. Schuld entsteht keineswegs nur aus der freien Entscheidung, das Falsche zu tun, sie entsteht auch aus Schwäche, Unfähigkeit oder aus unbewussten Motiven und Impulsen. So verliert der Begriff den moralischen Charakter – jeder Mensch macht sich immer mehr oder weniger schuldig an seinen Mitmenschen und sich selbst (vgl. Hirsch, 2017 [1997], S. 43ff.).

Beide Formen der Identifikation mit dem Aggressor können schuldhaftes Handeln zur Folge haben: Die Opferidentifikation führt zur Unterschätzung der eigenen Fähigkeiten (etwa: »Ein Studium traue ich mir nicht zu …«) oder inadäquaten Partnerwahl (»Ich habe keinen Besseren verdient …«). Weibliche Inzestopfer sind oft nicht in der Lage, ihre eigenen Kinder genügend vor Gewalterfahrungen zu schützen, da sie mit der selbst erlittenen Gewalt primär identifiziert sind und ihr eigenes geringes Selbstwertgefühl auf die Kinder projizieren; schon dadurch machen sie sich den Kindern gegenüber schuldig. Oft genug führt ein übermäßiges Schuldgefühl verbunden mit mangelndem Selbstgefühl und übergroßer Abhängigkeit dazu, dass reale Schuld entsteht. Opfer von sexuellem Missbrauch wählen Partner, die in irgendeiner Weise dem Täter von damals entsprechen, und liefern ihm die eigenen Kinder aus. Ich würde auch dem Opfer eine *Schuld* zuschreiben, das ganz im Sinne des Täters, mit dem es sich identifiziert, das *eigene* Leben immer wieder zu zerstören sucht, eine Schuld aufgrund der Vernachlässigung der existenziellen Pflicht, auch das eigene Leben optimal und lebenswert zu gestalten. Darüber hinaus macht natürlich die andere Form der Identifikation mit dem Aggressor, die Täter-Identifikation, erst recht schuldig, da man ja die Gewalt des ursprünglichen Täters übernimmt und ihm nacheifert.

In der psychoanalytischen Psychotherapie von Inzestopfern ist es für Patienten am schwersten, sich einem Teil ihres Selbst zu stellen, der eine Art Kollaboration mit dem Täter zugelassen hat. Man kann von tragischer Schuld sprechen, wenn man sich vorstellt, dass das Kind oder die Jugendliche den Missbrauch *auch* gewollt hat, bei aller Abscheu, weil es vielleicht selbst sexuelle Gefühle entwickelte oder weil es das Gefühl genossen hatte, die Mutter übertroffen zu haben.

> Eine Patientin flüchtete an einem Sonntagnachmittag, als sie 13 Jahre alt war, vor ihrem Vater in ihr Kinderzimmer und schloss ab, weil sie wusste, was da kommen sollte. Der Vater bettelte vor der verschlossenen Tür, sie solle nicht so sein, es passiere bestimmt nicht, was sie denke, er wolle nur reden. Wie hypnotisiert öffnete sie die Tür, und es kam, wie es kommen musste.
>
> War die Patientin schuldig, da sie sich nicht weiter abgegrenzt hatte? Als 13-Jährige? Dieselbe Patientin »beichtete« eines Tages nach wochenlangen Rückenschmerzen, dass sie ungefähr im selben Alter einen Cousin, der längere Zeit zu Besuch war, unter der Bettdecke, als er schon schlief, masturbiert hatte. Das Schlimmste für sie war, dass er dieselben Wörter fand, die sie dem Vater gegenüber verwendet hatte: »Was machst du, was soll das?«, und sie genau wie der Vater antwortet: »Da ist nichts, schlaf weiter.« Die offenbare Identifikation mit dem Vater löste eine extreme Scham

> aus, wegen der Handlung an dem Jungen war sie sich ihrer Schuld durchaus bewusst. Die Patientin war so erleichtert, dass ich ihr die Realität der Schuld bestätigte, dass sie darüber hatte sprechen und bedauern können, dass sie damals so war, dass die Rückenschmerzen verschwanden (vgl. Niemann, 1994, S. 184f.; Hirsch, 2017 [1997], S. 282).

Implizit hat wohl jede psychodynamische Psychotherapie das Ziel, eine Trennung des Patienten vom verinnerlichten Gewaltsystem zu erreichen, die ein Aufgeben der Opferidentität bedeutet. Angesichts dieser impliziten Aufforderung werden Angst vor dem Neuen und Schuldgefühl, das Alte, das heißt die Primärobjekte, zu verlassen, entstehen (vgl. Kap. zu »Negative therapeutische Reaktion«). Der Therapeut befindet sich in der Lage des Sozialarbeiters, der ein Kind aus einer Gewaltfamilie herausholen muss: Der kleine Junge tritt ihm vor das Schienbein; er will die Familie nicht verlassen. In einer letzten Phase der Psychotherapie wird es um die erneute Trennungsbearbeitung gehen, Trennung von den verinnerlichten Objekten angesichts der Trennungsnotwendigkeit aus der therapeutischen Beziehung.

Die immer wiederholte Arbeit an den Schuldgefühlen und die Anerkennung der eigenen Schuld, die das Opfer aufgrund der Identifikationen tragischerweise auf sich geladen hatte, führen dazu, dass das traumatisierende Geschehen damals und die inneren Objekt- und Selbstbilder realistischer gesehen werden können. Wie schon erwähnt, ist eine Trauerarbeit, also eine Trennung von den (inneren) Objekten, umso eher möglich, je realistischer man die Objekte (das sind ja Menschen gewesen, die zur Bildung der inneren Objektrepräsentanzen wesentlich beigetragen haben) und sich in den Beziehungen zu ihnen sehen kann. Eine vollständige Ablösung von den Beziehungserfahrungen der Kindheit und des weiteren Lebenslaufs wird es nicht geben, das übernommene Schuldgefühl, das Freud so genial gedacht hat, »ist oft der einzige, schwer kenntliche Rest der aufgegebenen Liebesbeziehung« (S. Freud, 1923b, S. 279). Es ist »ein Rest, der verbindet« (Cournut, 1988) – man würde nur wünschen, dass er recht klein geworden ist.

Literatur

Abraham, K. (1969 [1924]). Versuch einer Geschichte der Libido auf Grund der Psychoanalyse seelischer Störungen. In ders., *Psychoanalytische Studien zur Charakterbildung* (S. 113–183). Frankfurt a. M.: Fischer.

Abraham, N. (1991 [1978]). Aufzeichnungen über das Phantom. Ergänzung zu Freuds Metapsychologie. *Psyche – Z. Psychoanal. 45,* 691–698.

Abraham, N. & Torok, M. (1979 [1976]). *Kryptonymie. Das Verbarium des Wolfsmannes.* Frankfurt a. M., Berlin, Wien: Ullstein.

Abraham, N. & Torok, M. (1986 [1975]). Das verlorengegangene Objekt-Ich. Anmerkungen zur endokryptischen Identifikation. In Psychoanal. Seminar Zürich (Hrsg.), *Sexualität.* Frankfurt a. M.: Athenäum.

Alexander, F. (1931). Ein besessener Autofahrer. *Imago, 17*(2), 174–193.

Amati, S. (1977). Reflexionen über die Folter. *Psyche – Z. Psychoanal., 31*, 228–245.

Amati, S. (1990). Die Rückgewinnung des Schamgefühls. *Psyche – Z. Psychoanal., 44*, 724–740.

Amigorena, H. & Vignar, M. (1979 [1977]). Zwischen Außen und Innen: Die tyrannische Instanz. *Psyche – Z. Psychoanal., 33*, 610–619.

Anzieu, D. (1991 [1985]). *Das Haut-Ich.* Frankfurt a. M.: Suhrkamp.

Bergmann, M. S. (1995). Wiederkehrende Probleme in der Behandlung Überlebender und ihrer Kinder. In Bergmann, M. S., Jucovy, M. E. & Kestenberg, J. S. (Hrsg.), *Kinder der Opfer, Kinder der Täter. Psychoanalyse und Holocaust.* Frankfurt a. M.: Fischer.

Bergmann, M. V. (1995). Überlegungen zur Über-Ich-Pathologie Überlebender und ihrer Kinder. In Bergmann, M. S., Jucovy, M. E. & Kestenberg, J. S. (Hrsg.), *Kinder der Opfer, Kinder der Täter. Psychoanalyse und Holocaust.* Frankfurt a. M.: Fischer.

Bettelheim, B. (1979). *Surviving and other essays.* New York: Knopf. [dt. Ausg. 1980: *Erziehung zum Überleben.* Stuttgart: Deutsche Verlags-Anstalt.]

Cain, A. C. & Cain, B. S. (1964). On replacing a child. *J. Am. Acad. Child. Psychiat., 3*, 443–456.

Cournut, J. (1988). Ein Rest, der verbindet. Das unbewusste Schuldgefühl, das entlehnte betreffend. *Jahrb. Psychoanal., 22*, 67–98.

Cremerius, J. (1983). »Die Sprache der Zärtlichkeit und der Leidenschaft«. Reflexionen zu Sándor Ferenczis Wiesbadener Vortrag von 1932. *Psyche – Z. Psychoanal., 37*, 988–1015.

Dalí, S. (1990 [1942]). *Das geheime Leben des Salvador Dalí*. München: Schirmer/Mosel.

Derrida, J. (1979 [1976]). Fors. Die Winkelwörter von Nicolas Abraham und Maria Torok. In Abraham, N. & Torok, M. (Hrsg.), *Kryptonymie. Das Verbarium des Wolfsmannes*. Frankfurt a.M., Berlin, Wien: Ullstein.

Ehlert, M. & Lorke, B. (1988). Zur Psychodynamik der traumatischen Reaktion. *Psyche – Z. Psychoanal., 42*, 502–532.

Eickhoff, F.-W. (1989). On the ›borrowed unconscious sense of guilt‹ and the palimpsestic structure of a symptom – afterthoughts on the Hamburg congress of the IPA. *Int. Rev. Psycho-Anal., 16*, 323–329.

Eissler, K.R. (1968). Weitere Bemerkungen zum Problem der KZ-Psychologie. *Psyche – Z. Psychoanal., 22*, 452–463.

Engel, L. & Ferguson, T. (1992 [1990]). *Unbewußte Schuldgefühle*. Zürich: Kreuz.

Erikson, E.H. (1968 [1950]). *Kindheit und Gesellschaft* (3. Aufl.). Stuttgart: Klett.

Faimberg, H. (1987). Die Ineinanderrückung (Telescoping) der Generationen. *Jahrb. Psychoanal., 20*, 114–142.

Fairbairn, W.R.D. (1952). Psychoanalytic studies of the personality. London: Routledge & Kegan Paul.

Federn, P. (1913). Beispiel von Libido-Verschiebung während der Kur. *Int. Z. Psychoanal. Imago, 1*, 303–306.

Fenichel, O. (1925). Zur Klinik des Strafbedürfnisses. *Int. Z. Psychoanal., 11*, 469–487.

Fenichel, O. (1974 [1945]). *Psychoanalytische Neurosenlehre, Bd. I–III*. Olten, Freiburg i. Br.: Walter.

Ferenczi, S. (1964 [1909]) Introjektion und Übertragung. In ders., *Bausteine zur Psychoanalyse, Bd. I* (S. 9–57). Bern, Stuttgart, Wien: Huber.

Ferenczi, S. (1964 [1927]). Die Anpassung der Familie an das Kind. In ders., *Bausteine zur Psychoanalyse, Bd. III* (S. 347–366). Bern, Stuttgart, Wien: Huber.

Ferenczi, S. (1964 [1929]). Das unwillkommene Kind und sein Todestrieb. In ders., *Bausteine zur Psychoanalyse, Bd. III* (S. 446–453). Bern, Stuttgart, Wien: Huber.

Ferenczi, S. (1964 [1931]). Kinderanalysen mit Erwachsenen. In ders., *Bausteine der Psychoanalyse, Bd. III* (S. 490–510). Bern, Stuttgart, Wien: Huber.

Ferenczi, S. (1964 [1933]). Sprachverwirrung zwischen den Erwachsenen und dem Kind. In ders., *Bausteine zur Psychoanalyse, Bd. III* (S. 511–525). Bern, Stuttgart, Wien: Huber.

Ferenczi, S. (1964 [1938]). *Bausteine zur Psychoanalyse, Bd. IV*. Bern, Stuttgart, Wien: Huber.

Ferenczi, S. (1988 [1985]). *Ohne Sympathie keine Heilung. Das klinische Tagebuch von 1932*. Frankfurt a.M.: Fischer.

Ferro, A. (2002). Interpretation, Dekonstruktion, Erzählung, oder die Beweggründe von Jaques. *Psyche – Z. Psychoanal., 56*, 1–19.

Freud, A. (1951). Observations of child development. *Psychoanal. Study Child, 6*, 18–30.

Freud, A. (1980 [1936]). Das Ich und die Abwehrmechanismen. In dies., *Die Schriften der Anna Freud, Bd. I.* München: Kindler.
Freud, S. & Breuer, J. (1895d). Studien über Hysterie. In Freud, S., *GW I*, S. 75–312.
Freud, S. (1909d). Bemerkungen über einen Fall von Zwangsneurose. In ders., *GW VII*, S. 379–463.
Freud, S. (1912–13). *Totem und Tabu. GW IX.*
Freud, S. (1914c). Zur Einführung des Narzißmus. In ders., *GW X*, S. 137–170.
Freud, S. (1914g). Erinnern, Wiederholen und Durcharbeiten. Weitere Ratschläge zur Technik der Psychoanalyse II. In ders., *GW X*, S. 126–136.
Freud, S. (1916d). Einige Charaktertypen aus der psychoanalytischen Arbeit. In ders., *GW X*, S. 364–391.
Freud, S. (1916–17). *Vorlesungen zur Einführung in die Psychoanalyse. GW XI.*
Freud, S. (1917e). Trauer und Melancholie. In ders., *GW X*, S. 428–446.
Freud, S. (1921c). Massenpsychologie und Ich-Analyse. In ders., *GW XIII*, S. 71–161.
Freud, S. (1923b). Das Ich und das Es. In ders., *GW XIII*, S. 237–289.
Freud, S. (1924c). Das ökonomische Problem des Masochismus. In ders., *GW XIII*, S. 371–383.
Freud, S. (1930a). Das Unbehagen in der Kultur. In ders., *GW XIV*, S. 419–505.
Freud, S. (1933a). *Neue Folge der Vorlesungen zur Einführung in die Psychoanalyse. GW XV.*
Freud, S. (1940a). Abriß der Psychoanalyse. In ders., *GW XVII*, S. 63–123.
Fromm, E. (1999 [1941]). Die Furcht vor der Freiheit. In ders., *Gesamtausgabe, Bd. I: Analytische Sozialpsychologie*. Stuttgart: Deutsche Verlags-Anstalt.
Gardiner-Sirtl, A. (1983). *Als Kind mißbraucht. Frauen brechen das Schweigen.* München: Mosaik.
Giovacchini, P. L. (1967). The frozen introject. *Int. J. Psycho-Anal., 48*, 61–67.
Göppel, R. (1990). Die »paranoid-schizoide Position« und die »depressive Position« im Erleben der Mutter. Eine Version über Melanie Kleins persönlich-biographische Wahrheit. *Jahrb. psychoanal. Päd., 2*, 101–119.
Green, A. (1993 [1983]). Die tote Mutter. *Psyche – Z. Psychoanal., 47*, 205–240.
Greenacre, P. (1967). The influence of infantile trauma on genetic patterns. In Furst, S. S. (Hrsg.), *Psychic trauma*. New York, London: Basic Books.
Grotstein, J. S. (1994 [1990]). Einleitung. In Little, M. I., *Die Analyse psychotischer Ängste. Zwei unorthodoxe Fallgeschichten.* Stuttgart: Klett-Cotta.
Grubrich-Simitis, I. (1979). Extrem-Traumatisierung als kumulatives Trauma. *Psyche – Z. Psychoanal., 33*, 991–1023.
Grunert, U. (1979). Die negative therapeutische Reaktion als Ausdruck einer Störung im Loslösungs- und Individuationsprozess. *Psyche – Z. Psychoanal., 33*, 1–28.
Guntrip, H. S. (1972 [1970]). *Psyche und Gesundheit.* Frankfurt a. M.: Umschau.

Györi, I. (1969). Psychische Störungen bei Überlebenden der Verfolgung. Beobachtungen in einer Poliklinik in Israel. *Psyche – Z. Psychoanal., 23*, 517–531.

Haynal, A. (1989). Die Geschichte des Trauma-Begriffs und seine gegenwärtige Bedeutung. *Z. Psychoanal. Theor. Prax., 4*, 322–333.

Heine, H. (1976 [1844]). Ein Wintermärchen. In ders., *Werke in fünf Bänden, Bd. 2* (14. Aufl.). Berlin, Weimar: Aufbau-Verlag.

Hirsch, M. (1988). Pseudo-ödipale Dreiecksbeziehungen – Frühe Triangulierung der Borderline-Persönlichkeit. *Forum Psychoanal., 4*, 139–152.

Hirsch, M. (1993). Latenter Inzest. *Psychosozial, 16*, 25–40

Hirsch, M. (1996a). Wege vom realen Trauma zur Autoaggression. *Forum Psychoanal., 12*, 31–44.

Hirsch, M. (1996b). Zwei Arten der Identifikation mit dem Aggressor – nach Ferenczi und nach Anna Freud. *Prax. Kinderpsychol. Kinderpsychiat., 45*, 198–205.

Hirsch, M. (1998a [1989]). Hypochondrie und Dysmorphophobie. In ders. (Hrsg.), *Der eigene Körper als Objekt. Zur Psychodynamik selbstdestruktiven Körperagierens*. Gießen: Psychosozial-Verlag.

Hirsch, M. (1998b [1989]). Körper und Nahrung als Objekte bei Anorexie und Bulimie. In ders. (Hrsg.), *Der eigene Körper als Objekt. Zur Psychodynamik selbstdestruktiven Körperagierens*. Gießen: Psychosozial-Verlag.

Hirsch, M. (1999 [1987]). *Realer Inzest. Psychodynamik des sexuellen Mißbrauchs in der Familie* (Nachdr. d. 3. Aufl.). Gießen: Psychosozial-Verlag.

Hirsch, M. (2000). Transgenerationale Weitergabe von Schuld und Schuldgefühl. In Opher-Cohn, L., Pfäfflin, J., Sonntag, B., Klose, B. & Pogany-Wnendt, P. (Hrsg.), *Das Ende der Sprachlosigkeit? Auswirkungen traumatischer Holocaust-Erfahrungen über mehrere Generationen*. Gießen: Psychosozial-Verlag.

Hirsch, M. (2001). Schuld und Schuldgefühl im Zusammenhang mit Trennung und Scheidung. *Prax. Kinderpsychol. Kinderpsychiat., 50*, 45–58.

Hirsch, M. (2003). Täter und Opfer sexueller Gewalt in einer therapeutischen Gruppe. Über umwandelnde Gegen- und Kreuzidentifikationen. *Gruppenpsychother. Gruppendyn., 39*, 169–186.

Hirsch, M. (2004). *Psychoanalytische Traumatologie – Das Trauma in der Familie*. Stuttgart: Schattauer.

Hirsch, M. (2006a). Die Opferung des Kindes als eine Grundlage unserer Kultur. In ders. (Hrsg.), *Das Kindesopfer – eine Grundlage unserer Kultur*. Gießen: Psychosozial-Verlag.

Hirsch, M. (2006b). Formen transgenerationaler Perpetuierung familiärer Gewalt. *Psychoanal. Familienther., 7*, 101–115.

Hirsch, M. (2006c). *Das Haus. Symbol für Leben und Tod, Freiheit und Abhängigkeit*. Gießen: Psychosozial-Verlag.

Hirsch, M. (2008). Sein und Tun – Scham und Schuld. *Psychotherapeut, 53*, 177–184.

Hirsch, M. (2010). *»Mein Körper gehört mir, und ich kann mit ihm machen, was ich will!« Dissoziation und Inszenierungen des Körpers psychoanalytisch betrachtet.* Gießen: Psychosozial-Verlag.

Hirsch, M. (2013). Negative therapeutic reaction in the light of object relations theory. In Wurmser, L. & Jarass, H. (Hrsg.), *Nothing good is allowed to stand. An integrative view of the negative therapeutic reaction.* New York, London: Routledge.

Hirsch, M. (2016). *Mütter und Söhne – blasse Väter. Sexualisierte und andere Dreiecksverhältnisse.* Gießen: Psychosozial-Verlag.

Hirsch, M. (2017 [1997]). *Schuld und Schuldgefühl. Zur Psychoanalyse von Trauma und Introjekt* (7. Aufl.). Göttingen: Vandenhoeck & Ruprecht.

Hirsch, M. (2018). Schuld der Mütter? Und die Väter? Zur transgenerationalen Dynamik der sexuellen Perversion. *Kinder-Jugendlichen-Psychother., 49*, 213–231.

Hole, G. (1989). Schuld und Schuldgefühle. In Pöldinger, W. & Wagner, W. (Hrsg.), *Aggression, Selbstaggression, Familie und Gesellschaft.* Berlin, Heidelberg: Springer.

Hoksbergen, R., Juffer, F. & Textor, M.R. (1994). Attachment und Identität von Adoptivkindern. *Prax. Kinderpsychol. Kinderpsychiat., 43*, 339–344.

Jacobson, E. (1973 [1964]). *Das Selbst und die Welt der Objekte.* Frankfurt a.M.: Suhrkamp.

Keilson, H. (2005 [1979]). *Sequentielle Traumatisierung bei Kindern.* Gießen: Psychosozial-Verlag.

Klein, M. (1983 [1940]). Die Trauer und ihre Beziehung zu manisch-depressiven Zuständen. In dies., *Das Seelenleben des Kleinkindes* (2. Aufl.). Stuttgart: Klett-Cotta.

Klein, M. (1983 [1948]). *Zur Theorie von Angst und Schuldgefühl. In Das Seelenleben des Kleinkindes* (2. Aufl.). Stuttgart: Klett-Cotta.

Klein, M. (1985 [1933]). Die frühe Entwicklung des Gewissens beim Kinde. In dies., *Frühstadien des Ödipuskomplexes. Frühe Schriften 1928–1945.* Frankfurt a.M.: Fischer.

Kogan, I. (1990a). A journey to pain. *Int. J. Psycho-Anal., 71*, 629–640. Deutsch. *Z. Psychoanal. Theor. Prax., 6*, 62–78.

Kogan, I. (1990b). Vermitteltes und reales Trauma in der Psychoanalyse von Kindern von Holocaust-Überlebenden. *Psyche – Z. Psychoanal., 44*, 533–544.

Kohut, H. (1973 [1971]). *Narzißmus. Eine Theorie der psychoanalytischen Behandlung narzißtischer Persönlichkeitsstörungen.* Frankfurt a.M.: Suhrkamp.

Kris, E. (1956). The recovery of childhood memories in psychoanalysis. *Psychoanal. Study Child, 11*, 54–88.

Kramer, S. (1983). Object-coercive doubting: A pathological defensive response to maternal incest. *J. Am. Psychoanal. Ass., Suppl., 31*, 325–352.

Lampl, H. (1925). Ein Fall von entlehntem Schuldgefühl. *Int. Z. Psychoanal., 11*, 457–469.

Landauer, K. (1991 [1930]). Die Gemeinschaft mit sich selber. Über narzißtische Charaktere, Neurosen und Psychosen. In ders., *Theorie der Affekte und andere Schriften zur Ich-Organisation*. Frankfurt a. M.: Fischer.

Lasker-Wallfisch, M. (2020). *Briefe nach Breslau. Meine Geschichte über drei Generationen*. Berlin: Insel.

Lebovici, S. (1988). Die Geburt der Identität. In Stork, J. (Hrsg.), *Das menschliche Schicksal zwischen Individuation und Identifizierung*. Stuttgart, Bad Cannstatt: frommann-holzboog.

Levi, P. (1990 [1986]). *Die Untergegangenen und die Geretteten*. München, Wien: Hanser.

Loewald, H. W. (1986 [1979]). Das Dahinschwinden des Ödipuskomplexes. In ders., *Psychoanalyse. Aufsätze aus den Jahren 1951–1979*. Stuttgart: Klett-Cotta.

Marcinowski, J. (1924). *Schuldgefühle*. Prien: Anthropos.

Masterson, J. F. & Rinsley, D. B. (1975). The borderline-syndrome: The role of the mother in the genesis and psychic structure of the borderline personality. *Int. J. Psycho-Anal., 56*, 163–177.

McDougall, J. (1989). *Theatres of the body. A psychoanalytic approach to psychosomatic illness*. London: Free Associations.

Modell, A. H. (1965). On having the right to a life: An aspect of the superego's development. *Int. J. Psycho-Anal., 46*, 323–331.

Modell, A. H. (1971). The origin of certain forms of pre-oedipal guilt and the implications for a psychoanalytic theory of affects. *Int. J. Psycho-Anal., 52*, 337–346.

Moeller, M. L. (1969). Zur Psychodynamik der neurotischen Prüfungsangst. In Ziolko, H. V. (Hrsg.), *Psychische Störungen bei Studenten*. Stuttgart: Thieme.

Moser, T. (1996). *Dämonische Figuren. Die Wiederkehr des Dritten Reichs in der Psychotherapie*. Frankfurt a. M.: Suhrkamp.

Müller-Braunschweig, H. (1970). Zur Genese der Ich-Störungen. *Psyche – Z. Psychoanal., 24*, 657–677.

Müller-Pozzi, H. (1988). Die depressive Reaktion – Ein Versuch über Individuation, Introjektion und Identifizierung. In Stork, J. (Hrsg.), *Das menschliche Schicksal zwischen Individuation und Identifizierung*. Stuttgart, Bad Cannstatt: frommann-holzboog.

Nágera, H. (1973 [1967]). *Vincent van Gogh. Psychoanalytische Deutung seines Lebens anhand seiner Briefe*. München, Basel: Reinhardt.

Niederland, W. G. (1961). The problem of the survivor. *J. Hillside Hosp., 10*, 233–247. [auch in: Krystal, H. (Hrsg.). (1968). *Massive psychic trauma*. New York: Intern. Univers. Press.]

Niederland, W. G. (1966). Ein Blick in die Tiefen der »unbewältigten« Vergangenheit und Gegenwart. *Psyche – Z. Psychoanal., 20*, 466–476.

Niederland, W. G. (1981). The survivor syndrome: Further observations and dimensions. *J. Am. Psychoanal. Ass., 29*, 413–425.

Niederland, W. G. (1989 [1967]). Das Schöpferische im Lebenswerk Heinrich Schliemanns. In ders., *Trauma und Kreativität*. Frankfurt a. M.: Nexus.

Niemann, U. (1994). *Papi hat dich doch so lieb*. Berlin: Rütten & Loening.

Ornstein, A. (1986). The holocaust: Reconstruction and the establishment of psychic continuity. In Rothstein, A. (Hrsg.), *The reconstruction of trauma. Its significance in clinical work*. Madison, CT: Int. Univers. Press.

Parin, P. (1990). Der nationalen Schande begegnen. Ein ethno-psychoanalytischer Vergleich der deutschen und italienischen Kultur. *Psyche – Z. Psychoanal., 44*, 643–659.

Pollock, G.H. (1978). On siblings, childhood sibling loss and creativity. *Annual Psychoanal., 6*, 443–481.

Radó, S. (1927). Das Problem der Melancholie. *Int. Z. Psychoanal., 13*, 439–455.

Rank, O. (1926). *Sexualität und Schuldgefühl*. Leipzig, Wien, Zürich: Int. Psychoanal. Verl.

Sabourin, P. (1988 [1985]). Nachwort. In Ferenczi, S., *Ohne Sympathie keine Heilung. Das klinische Tagebuch von 1932*. Frankfurt a.M.: Fischer.

Sadger, J. (1920). Über Prüfungsangst und Prüfungsträume. *Int. Z. Psychoanal., 6*, 140–150.

Sanders-Brahms, H. (1981). *Deutschland, bleiche Mutter. Film-Erzählung*. Reinbek: Rowohlt.

Sandler, J. (1964/65 [1960]). Zum Begriff des Über-Ichs. *Psyche – Z. Psychoanal., 18*, 721–743; 812–828.

Sandler, J. (1983). Die Beziehungen zwischen psychoanalytischen Konzepten und psychoanalytischer Praxis. *Psyche – Z. Psychoanal., 37*, 577–595.

Sandler, J. (1987/88). Discussion of W.W. Meissner's paper. In ders. (Hrsg.), *Projection, identification, projective identification*. London: Karnac.

Sandler, J. & Sandler, A.-M. (1987). The past unconscious, the present unconscious and the vicissitudes of guilt. *Int. J. Psycho-Anal., 68*, 331–341. [dt. Ausg 1993: Das frühere Unbewußte, das gegenwärtige Unbewußte und die Schicksale der Schuld. In Kutter, P. & Zagermann, P. (Hrsg.), *Die psychoanalytische Haltung*. München: Verlag Int. Psychoanal.]

Schubert, H. (1990). *Judasfrauen. Zehn Fallgeschichten weiblicher Denunziation im Dritten Reich*. Frankfurt a.M.: Luchterhand.

Secrest, M. (1986/87). *Salvador Dalí. Sein exzentrisches Leben, sein geniales Werk, seine phantastische Welt*. München: Scherz.

Shengold, L. (1989a). *Soul murder – die Auswirkungen von Mißbrauch und Vernachlässigung in der Kindheit*. Frankfurt a.M.: Brandes & Apsel.

Shengold, L. (1989b). Further thoughts about »nothing«. *Psychoanal. Quart., 58*, 227–235.

Skogstad, W. (1990). Leben im Grab. Über das Nicht-Trauern und seine Folgen. *Prax. Psychother. Psychosom., 35*, 21–32.

Sperling, M. (1949). The role of the mother in psychosomatic disorders in children. *Psychosom. Med., 11*, 377–385.

Torok, M. (1983 [1968]). Trauerkrankheit und das Phantasma des »Cadavre exquis«. *Psyche – Z. Psychoanal., 37*, 497–519.

Tournier, P. (1959). *Echte und falsche Schuldgefühle*. Bern: Humata.

Volkan, V.D. & Ast, G. (1992). *Eine Borderline-Therapie*. Göttingen: Vandenhoeck & Ruprecht.

Weigert, E. (1960/61). Einsamkeit und Vertrauen. *Psyche – Z. Psychoanal., 14*, 538–551.

Weiss, J. (1986). Unconscious guilt. In Weiss, J., Sampson, H. & Mount Zion Psychotherapy Research Group. *The psychoanalytic process. Theory, clinical observation and empirical research*. New Haven, London: Guilford.

Weiss, J., Sampson, H. & Mount Zion Psychotherapy Research Group (1986). *The psychoanalytic process. Theory, clinical observation and empirical research*. New Haven, London: Guilford.

Welldon, E.V. (2003 [1988]). *Perversionen der Frau*. Gießen: Psychosozial-Verlag.

Wiesel, E. (1992 [1960]). *Die Nacht zu begraben, Elischa*. Frankfurt a.M., Berlin: Ullstein.

Winnicott, D.W. (1974 [1958]). Psychoanalyse und Schuldgefühle. In ders., *Reifungsprozesse und fördernde Umwelt*. München: Kindler.

Winnicott, D.W. (1974 [1960]). Die Theorie von der Beziehung zwischen Mutter und Kind. In ders., *Reifungsprozesse und fördernde Umwelt*. München: Kindler.

Winnicott, D.W. (1974 [1963]). Die Entwicklung der Fähigkeit der Besorgnis (concern). In ders., *Reifungsprozesse und fördernde Umwelt*. München: Kindler.

Wisdom, J.O. (1961/62). Ein methodologischer Versuch zum Hysterie-Problem. *Psyche – Z. Psychoanal.*, 15, 561–587.

Wolffheim, E. (1989). *Hans Henny Jahnn*. Reinbek: Rowohlt.

Woolf, V. (1991). *Tagebücher, Bd. I: 1915–1919*. Frankfurt a.M.: Fischer.

Wurmser, L. (1987). *Die Flucht vor dem Gewissen*. Berlin, Heidelberg: Springer.

Wurmser, L. (1990). Über-Ich- und Abwehranalyse einer masochistischen Perversion. *Jahrb. Psychoanal., 26*, 135–214.

Zottl, A. (1982). *Otto Rank. Das Lebenswerk eines Dissidenten der Psychoanalyse*. München: Kindler.

Psychosozial-Verlag

Mathias Hirsch

Trauma

2011 · 138 Seiten · Broschur
ISBN 978-3-8379-2056-7

Die Psychoanalyse begann als Traumatheorie, entwickelte sich zur Triebpsychologie und kann heute als Beziehungspsychologie verstanden werden, die (traumatisierende) Beziehungserfahrungen als Ursache schwerer psychischer Störungen sieht.

Dabei dient die Internalisierung von Gewalterfahrungen eher der Bewältigung lang andauernder »komplexer« Beziehungstraumata, akute Extremtraumatisierungen haben hingegen Dissoziationen zur Folge. Während eine psychoanalytische Therapie »komplex« traumatisierter Patienten die therapeutische Beziehung ins Zentrum stellt und sich vielfältiger metaphorischer Mittel bedient, erfordern akute Extremtraumatisierungen, die zu Posttraumatic Stress Disorder führen können, ein verhaltensmodifizierendes, auch suggestives Vorgehen. Der Begriff »Trauma« sowie der Umgang mit Traumatisierung in der Therapie werden vorgestellt.